Mosaik

W0066626

Helga Köster

Mikrowellen-Diät

100 Rezepte für die kleine
Küche und den großen Appetit

Mosaik Verlag

Der Mosaik Verlag ist ein Unternehmen
der Verlagsgruppe Bertelsmann

© 1989 Mosaik Verlag GmbH, München / 5 4 3 2
Layout: Paul Wollweber
Fotos: Thomas Diercks
Satz: Filmsatz Schröter GmbH, München
Reproduktion: Arti Litho, Trento
Druck und Bindung: Mohndruck Graphische
Betriebe GmbH, Gütersloh
Printed in Germany · ISBN 3-570-05124-2

Inhalt

Aus der Werkstatt

Im Herbst 1987 ließ ich mir zu Haus ein Mikrowellengerät einbauen. Ich hatte damals mein Büro in meiner Wohnung und ärgerte mich ständig, daß ich mittags mit einem knurrenden Magen herumlief. Die Zeit, um mir eine richtige Mahlzeit auf konventionellem Weg zuzubereiten, war knapp. Also gab es ein Käsebrot oder irgendetwas anderes Schnelles und manchmal etwas nicht so ganz Gesundes. Die Mikrowelle sollte meine Probleme lösen. Zunächst begann ich damit, Fertigmenüs heiß zu machen. Die hatte ich in großen Mengen in meiner Tiefkühltruhe von einem meiner Kunden zum Testen bekommen. Im Backofen brauchten sie 45 Minuten, in der Mikrowelle zehn. Das war schon eine wesentliche Verbesserung. Ich konnte darauf warten, daß das Essen heiß wurde und entschwand nicht – wie früher – wieder an den Schreibtisch und vergaß über der Arbeit den knurrenden Magen und das Essen. Es dauerte nicht lange, bis ich nicht nur Mahlzeiten auftaute und er-

wärmte, sondern kochte. Meine warmen Mittagsmahlzeiten waren gerettet, und wenn überraschend Besuch kam, stand im Handumdrehen eine köstliche Mahlzeit auf dem Tisch. Ich wunderte mich, wie wenig Fett man mit diesem schnellen Brüter brauchte, wie blitzschnell alles ging, besonders Ein-Personen-Gerichte. Alles, was ich probierte, gelang auf Anhieb, sah appetitlich aus und schmeckte, besonders das Gemüse. Es behielt seine Farbe und seinen Eigengeschmack. Und was mir ganz besonders gefiel: Anschließend mußte ich nicht lauter Kochtöpfe scheuern, sondern hielt die Plastik-, Glas- oder Porzellanschüsseln nur unter heißes Wasser, denn nichts backt an, nichts klebt fest.

Es lag nahe – nachdem ich seit zwanzig Jahren über die vernünftige Ernährung von dicken Leuten nachdenke, bereits fünf Diätbücher geschrieben habe und immer wieder nach neuen Wegen suche – diese frisch gewonnenen Erkenntnisse nicht nur für mich, sondern auch für die machbar zu machen, die zu den wirklich Betroffenen zählen. Nämlich all die, die ständig mit ihrem Gewicht kämpfen, von einem Fettnäpfchen ins andere treten, sich falsch ernähren, die nichts auslassen, besonders keine Wunderdiäten, und die obendrein oft keine Zeit oder manchmal keine Lust haben, sich in die Küche zu stellen, um sich etwas Vernünftiges zu kochen.

Ich denke aber auch an die 9,4 Millionen Single-Haushalte. Dort leben Menschen, die hauptsächlich für sich allein und manchmal für zwei kochen und die natürlich

Ich & Co: Mit dem Computer berechne ich alle meine Diäten. Nachdem wir die Rezepte aus diesem Buch getestet hatten, war auch ich um sechs Kilo leichter!

den Aufwand scheuen, sich ein- oder zweimal am Tag eine warme Mahlzeit zuzubereiten. Die müssen vielleicht nicht die Kalorien zählen, aber sie stehen vor dem gleichen Problem: Viel Lärm um ein heißes Essen!

Im Sommer 1988 entstand dann die Idee für dieses Buch: Die 100 besten Rezepte in den drei gängigen Kaloriengruppen – 400, 200 und 100 Kalorien – damit jeder den Umfang seiner Diät selbst bestimmen kann. Wer schnell Schluß machen will mit seinen Überkilo, kann 1000 Kalorien am Tag essen. Wer seine Kilo etwas langsamer angehen oder nur sein Gewicht halten will, kann sich die Rezepte so kombinieren, daß er auf 1600 Kalorien am Tag kommt. Es sollte eine bunte Palette von Rezepten sein mit Fleisch, Fisch und Geflügel, aber auch diejenigen, die vom Fleischessen schon Abschied genommen haben, sollten nicht zu kurz kommen. Von den 100 Rezepten enthalten 42 kein Fleisch, nicht einmal ein Würfelchen Speck. Für richtige Mikrowellenfans sollte es auch noch eine kleine Auswahl an Frühstücksvorschlägen geben, damit sie auch schon morgens mit ihrer Mikrowellen-Diät beginnen können. Ach ja, noch eins: Alle Rezepte in diesem Buch sollten so angelegt sein, daß man sie in einem ganz normalen Mikrowellengerät nachmachen kann. Also kein Grill, keine Ober- und Unterhitze. Denn die einfachen Geräte sind am weitesten verbreitet, und wer im Besitz eines Kombi-Modells ist – so nennt man die Geräte, die noch mehr können als ein einfaches Mikrowellengerät – kann die Rezepte ohnehin nachmachen, vielleicht kann er bei dem einen oder anderen zum Bräunen noch den Grill dazuschalten.

Es war alles da, um an den Start dieses Buches zu gehen: Zwei identische Mikrowellengeräte für die Tests, eine klare Konzeption, drei Computer für die genauen Berechnungen, für die Textverarbeitung und für das Layout, eine Mitarbeiterin, Astrid Berger, gerade frischgebackene Oecotrophologin (Ernährungswissenschaftlerin), und drei Monate Zeit. Nur eins fehlte uns: die Erfahrung. Also marschierten wir beide in die Miele-Versuchsküche und ließen uns von den Fachfrauen alles zeigen, was man zu diesem Thema wissen mußte. Manche unserer Fragen stießen auf ein mildes Lächeln, weil dort die knusprigen Braten und die mit vielen Eiern und Schlagsahne gefertigten Kalorienbomben eher auf dem Programm standen als unsere mageren »Micky-Mouse-Rezepte«. Wir ließen uns nicht entmutigen und gingen an die Arbeit. Aber als wir nach dem 25. Ei noch immer kein anständiges Spiegelei aus der Mikrowelle gezaubert hatten, obwohl das in vielen Büchern als die einfachste Übung der Welt hingestellt wird, kamen uns große Zweifel an der Richtigkeit und Zuverlässigkeit dieser Beschreibungen. Wir beschlossen, uns auf nichts zu verlassen, sondern alles, aber auch wirklich jedes Rezept mehrere Male zu testen und es notfalls zu verwerfen. Wenn *wir* schon Schwierigkeiten mit dem Gelingen hatten, wie ergeht es dann erst dem ungeübten Käufer dieses Buches!

Das ist »Twiggy«, der freundliche Gemüsehändler vom Wochenmarkt, bei dem wir während der Testzeit Stammkunden waren.

Was Sie über diese Diät wissen müssen

Die beste Diät taugt nichts, wenn es mit unsäglichen Mühen verbunden ist, sie auf den Teller zu kriegen. Oft müssen viele Zutaten in kleinen Mengen eingekauft werden, in der Küche breitet sich das Chaos aus, lange bevor das Essen endich auf dem Tisch steht. Und anschließend wird einem der Genuß nachträglich vermiest bei dem Gedanken, daß die ganze Mühe für eine einzelne, kleine Portion noch mit größeren Säuberungsaktionen von Töpfen und Pfannen verbunden ist. Das passiert beim Garen im Mikrowellengerät nicht.

Sie garen in weißem Mikrowellengeschirr oder in Glas- und Porzellanschüsseln. Alles ist einfach zu säubern. Sie bereiten die Speisen vor wie sonst auch. Putzen das Gemüse, schneiden das Fleisch, rühren eine Sauce. Dann verschwindet das Ganze für einige Minuten im Mikrowellengerät. Sie haben kaum Zeit, in der Zwischenzeit den Tisch zu decken oder gar einen Kübel Buntes zu waschen. Wenn Ihr kleiner Wunderofen piept, nehmen Sie Ihr Gericht heraus, richten es hübsch auf einem Teller an – und fertig ist Ihre Mahlzeit.

Und weil das so einfach ist, bietet sich das Garen in der Mikrowelle geradezu für eine Diät an. Selbst aus Resten, wie zum Beispiel etwas Gemüse, zwei Kartoffeln, etwas Fisch, läßt sich eine leckere Mahlzeit improvisieren. Sie brauchen als Besitzer einer Mikrowelle nicht lange vorzuplanen oder mit Einkaufszetteln bewaffnet einzukaufen. Hier können Sie phantasievoll improvisieren.

Sehr hilfreich im Zusammenhang mit der Mikrowelle ist ein Tiefkühlfach oder gar ein Tiefkühlschrank. Die Portionen, die Sie für Diätgerichte brauchen, sind oft ziemlich klein. Hier 100 Gramm Fleisch, dort 150 Gramm Gemüse. Es erleichtert das Geschäft mit dem Abnehmen sehr, wenn man größere Portionen einkauft und sie dann in den gängigen Diätportionen einfriert. Auf Seite 122 finden

11

Sie eine Aufstellung aller in diesem Buch verwendeten Zutaten in den entsprechenden Portionsgrößen, die ein praktischer Leitfaden für Ihre Vorratshaltung sein kann. Das Auftauen, kurz bevor das Essen auf dem Tisch stehen soll, ist mit der Mikrowelle ohnehin kein Problem.

Abgesehen von den Gemüsen, die Sie nur zu bestimmten Zeiten bekommen und die Sie auf jeden Fall im Vorrat haben sollten, wie zum Beispiel Zuckerschoten, gibt es auch eine Reihe von Gemüsesorten, die Sie bereits geputzt und tiefgekühlt in 300- oder 250-Gramm-Packungen kaufen können. Grüne Bohnen, Erbsen, Rosenkohl, Brokkoli – alles pur ohne Sahnesauce – sind eine schnelle Hilfe. Sie können den Packungen so viel entnehmen, wie Sie gerade

benötigen. Das gleiche gilt übrigens für eine Reihe von Obstsorten, wie zum Beispiel Himbeeren, Brombeeren, Erdbeeren und gemischte Beeren, die Sie für die kalorienarmen Süßspeisen einsetzen können. Ohne diese Produkte läßt sich nur schwerlich eine abwechslungsreiche und ausgewogene Diät machen. So können Sie sich im Winter, wenn das Obst- und Gemüseangebot sehr eingeschränkt ist, genauso ernähren wie im Sommer, wenn die Märkte alles bereithalten, was ein leicht verfettetes Herz begehrt.

Die Rezepte in diesem Buch teilen sich in drei Gruppen: in Gerichte mit 400, 200 und 100 Kalorien. Der Vorteil: Kompliziertes Kalorienzählen bleibt Ihnen erspart. Sie müssen sich nur entscheiden, ob Sie Ihre Überpfunde täglich mit 1000,

So können Sie die Mahlzeiten kombinieren

	1000	1200	1400	1600	Kalorien
Frühstück	200	200	200	400	Kalorien
Zwischenmahlzeit	100	100	100	100	Kalorien
Vor- und/oder Nachspeise			200	200	Kalorien
Mittagsmahlzeit	400	400	400	400	Kalorien
Zwischenmahlzeit	100	100	100	100	Kalorien
Abendmahlzeit	200	400	400	400	Kalorien

1200, 1400 oder 1600 Kalorien bekämpfen wollen. Danach richtet sich die Größe der Mahlzeiten, aber nicht die Anzahl. Fünf Mahlzeiten am Tag sollten es schon sein. Egal, ob Sie sich entschließen, eine 1000-Kalorien-Diät oder eine 1600-Kalorien-Diät zu machen. Bei der 1000-Kalorien-Diät bekommen Sie morgens ein Frühstück mit 200 Kalorien, eine Hauptmahlzeit mit 400 Kalorien, ein

Diese Baukasten-Diät läßt sich ganz nach Ihren Wünschen und Bedürfnissen zusammenstellen. Und damit kommt sie allen entgegen, die nicht in ein bestimmtes Diät-Schema gepreßt werden und dennoch ihre Pfunde loswerden wollen. Egal, ob schnell oder etwas langsamer.

Alle Rezepte sind für eine Person

Abendessen mit 200 Kalorien und zwei Zwischenmahlzeiten mit je 100 Kalorien. Bei einer 1600-Kalorien-Diät gibt es zum Mittagessen noch eine Vor- und Nachspeise und Frühstück und Abendessen werden verdoppelt. Und wenn Sie überhaupt keine Diät machen wollen, sondern sich grundsätzlich nur leichte und gesunde Portionen wünschen, dann sind Sie mit diesem Kochbuch auch gut bedient.

Grundlage für die Berechnungen und die Zusammenstellung der Rezepte waren die Empfehlungen der Deutschen Gesellschaft für Ernährung. So enthalten zum Beispiel die 400 Kalorien-Gerichte im Durchschnitt 26 Gramm Eiweiß, 16 Gramm Fett vom Feinsten und 38 Gramm Kohlenhydrate mit einem hohen Anteil an Ballaststoffen. Der Tagesbedarf an Vitaminen und Mineralstoffen wird weitgehendst gedeckt, vorausgesetzt Sie würden sich ausschließlich nach diesen Rezeptvorschlägen

13

ernähren. Besonders hoch ist die Vitamin-C-Zufuhr.

Das Ergebnis wird noch günstiger, wenn Sie nicht jeden Tag Fleisch, Fisch oder Geflügel essen, stattdessen mehr zu den Gemüsemahlzeiten greifen. Dadurch reduziert sich die Eiweißaufnahme zugunsten der ballaststoffreichen Kohlenhydrate.

Mit dem Vanillequark von Seite 117 bekommen Sie noch eine Extraportion Kalzium. Er sollte zum Frühstück und als Zwischenmahlzeit öfter auf Ihrem Speisezettel stehen.

Wenn Sie sich noch etwas Gutes antun wollen, essen Sie jeden Tag statt einer 100-Kalorien-Zwischenmahlzeit einen großen grünen Salat mit einer Sauce aus einem Eßlöffel Sonnenblumen- oder Sojaöl, etwas Salz, Pfeffer, einigen Tropfen Süßstoff, Zitronensaft oder mildem Essig und vielen frischen Kräutern.

Die Mikrowellen-Diät klappt auch im Büro: Der Erfolg vieler Diäten scheitert oft daran, daß man sie eigentlich nur zu Haus machen kann. Am Arbeitsplatz muß man schon improvisieren. In solchen Fällen hilft ein kleines Mikrowellen-

gerät wirklich weiter. Es paßt meistens noch in die kleinste Küche oder Pantry. Hier soll nun nicht die große Kocherei stattfinden. Aber Sie können sich Ihre mitgebrachten Diätmahlzeiten oder fertig gekauften, kalorienarmen Menüs im Handumdrehen heiß machen. Noch ein Vorteil vom Mikrowellengerät: Es entstehen längst nicht solche Gerüche wie beim konventionellen Kochen. Das nur zur Beruhigung von vielen Bürochefs, die es nicht gern sehen oder riechen, wenn ihre Angestellten im Büro essen.

Nun möchten Sie sicherlich auch gern wissen, wieviel Sie mit der Mikrowellen-Diät abnehmen können. Bei einer Tagesration von 1000 Kalorien können es in den ersten beiden Wochen bis zu zehn Kilo sein. Das ist aber kein echter Gewichts-, sondern nur ein Wasserverlust. Wenn sich der Körper dann auf die Mikrowellen-Diät eingestellt hat, verlieren Sie im Schnitt ein Kilo pro Woche. Das ist aber abhängig von der Höhe Ihres Ausgangsgewichtes und der Anzahl der Diätversuche, die Sie schon hinter sich haben. Wichtig ist, daß Sie während der Diät viel trinken: Kaffee, Tee, ungesüßte Säfte und besonders Mineralwasser. Bis zu drei Liter pro Tag sollten es sein.

Und noch ein Hinweis: Jede Diät – mag sie noch so ausgewogen sein – ist ein Eingriff in den Organismus. Deshalb fragen Sie vorher Ihren Arzt, ob er zu dem derzeitigen Zeitpunkt etwas gegen eine Diät einzuwenden hat. Schwangere dürfen erst nach der Stillzeit wieder an eine Diät denken. Junge Mädchen, Frauen und Männer, die unter Eßstörungen leiden, wie zum Beispiel Magersucht oder zwanghaftem Erbrechen, dürfen diese Diät auf keinen Fall auf eigene Faust machen. Sie müssen mit ihrem behandelnden Arzt klären, ob diese Diät möglicherweise Bestandteil einer Therapie sein kann. Denn nach dem aktuellen Stand der wissenschaftlichen Erkenntnisse können Diäten gerade bei jungen Mädchen zu Eßstörungen führen.

Eine große Portion Salat mit einer Sauce aus Sonnenblumenöl, Zitronensaft und vielen frischen Kräutern sollte jeden Tag auf dem Tisch stehen.

Rezepte mit 400 Kalorien

Hier wird das Abnehmen und Schlankbleiben zum großen Schlemmervergnügen. 48 köstliche Rezepte mit Fleisch, Fisch, Geflügel und Gemüse, für Eintöpfe und Süßspeisen. Vom Kartoffelomelett bis zum Lachs in Kerbelsahne, von Pflaumenklößen mit Butter bis zum deftigen Wirsingeintopf finden Sic alles, was Sie bei Ihren sonstigen Diätversuchen immer schmerzlich vermißt haben. Alles, was Sie links sehen, hat zusammen 800 Kalorien: das geschnetzelte Kalbfleisch mit Käsekartoffeln von Seite 21 und der Reispudding – auch Reis Trauttmansdorff genannt – von Seite 64.

Fleisch

Kasseler mit Sauerkraut und Kartoffelpüree

150 Gramm Sauerkraut (frisch oder Dose)
1 Scheibe Ananas (Dose) oder
½ Apfel
1 Zwiebel
5 Nelken
½ Tasse Brühe (Instant)
1 Lorbeerblatt
100 Gramm Kasseler-Aufschnitt im Stück
5 EL Instant-Kartoffelpüreeflocken
2 TL Senf

1. Sauerkraut zerpflücken, die Ananas kleinschneiden, die Zwiebel mit Nelken spicken. Alles zusammen mit der Brühe und dem Lorbeerblatt in eine Schüssel füllen und sieben Minuten zugedeckt mit 700 Watt garen. Zwischendurch zweimal umrühren.
2. Eine kleine Schüssel mit einer reichlichen Tasse Wasser dazustellen. Das Kasseler auf das Sauerkraut legen, den Deckel wieder schließen. Wasser und Sauerkraut mit Kasseler zwei Minuten mit 700 Watt erhitzen.
3. Das Sauerkraut mit Kasseler herausnehmen. Das Wasser mit den Kartoffelpüreeflocken verrühren. Das Kartoffelpüree auf einem Teller anrichten. Kasseler mit Sauerkraut danebenlegen und einen Klecks Senf auf den Tellerrand setzen.

Tafelspitz mit Meerrettichcreme

1 Kartoffel
1 kleine Möhre
Salz
4 TL Crème fraîche
2 TL Zitronensaft
2 TL Meerrettich
150 Gramm Rindfleisch (Keule)
1 Päckchen tiefgekühltes Suppengrün
Pfeffer
2 EL tiefgekühlte Erbsen
1 MSP Butter oder Margarine

1. Kartoffel und Möhre schälen und in Stifte schneiden. In eine Schüssel legen, eine halbe Tasse Wasser und etwas Salz zugeben und zudecken. In einer kleinen Schüssel Crème fraîche mit Zitronensaft, Meerrettich und etwas Salz verrühren und ebenfalls zudecken.
2. In eine größere Schüssel das Fleisch legen, eine Tasse Wasser, Suppengrün, Salz und Pfeffer zugeben und zudecken. Neun Minuten mit 450 Watt köcheln lassen, zwischendurch das Fleisch zweimal umdrehen. Die Schüssel aus dem Mikrowellengerät nehmen und das Fleisch fünf Minuten in der Brühe ruhen lassen.
3. Das Gemüse vier Minuten mit 700 Watt garen, nach zwei Minuten umrühren und die Erbsen zugeben. Danach beiseite stellen.

4. Die Meerrettichcreme eine Minute mit 450 Watt erhitzen. Anschließend einmal gründlich durchrühren.

5. Das Gemüse abgießen und in der Butter oder Margarine schwenken. Das Fleisch in dünne Scheiben schneiden und auf einen Teller legen. Die Meerrettichcreme darübergießen. Das Gemüse daneben anrichten.

Tip: Die Brühe, in der das Fleisch gekocht worden ist, muß nachgewürzt werden und kann als Vorspeise gegessen werden.

Hackfleischröllchen mit provencalischem Gemüse

100 Gramm Beefsteakhack (Tatar)
3 kleine Zwiebeln
2 Knoblauchzehen
2 EL Petersilie
2 EL Mineralwasser
Salz
Pfeffer
½ TL Edelsüß-Paprika
2 Kartoffeln
2 Tomaten
1 Paprikaschote
3 TL Öl
1 TL Mehl
½ TL Instant-Brühe
4 TL Tomatenmark
Thymian
1 Zweig Rosmarin

1. Beefsteakhack, eine Zwiebel, eine Knoblauchzehe und Petersilie im Blitzhacker grob zerkleinern. Mit Mineralwasser, Salz, Pfeffer und Edelsüß-Paprika scharf würzen. Drei Röllchen formen.
2. Die restlichen Zwiebeln in Streifen, die Knoblauchzehe in Stifte schneiden, die Kartoffeln schälen und in Schnitze teilen, die Tomaten vierteln, die Paprikaschote grob würfeln.
3. Zwei Teelöffel Öl in eine Schüssel geben, die Hackröllchen hineinlegen, Zwiebeln und Knoblauchzehe zugeben und offen fünf

Minuten mit 700 Watt garen. Zwischendurch wenden und dann die Hackröllchen aus der Schüssel nehmen.
4. Mehl mit einem Teelöffel Öl, einer halben Tasse Wasser, Instant-Brühe und Tomatenmark verrühren. Die Sauce in die Schüssel geben und zusammen mit den Kartoffelschnitzen drei Minuten zugedeckt mit 700 Watt kochen. Zwischendurch einmal umrühren.
5. Hackröllchen, Tomaten, Paprikaschote, Salz, Pfeffer, Thymian und Rosmarin zugeben und weitere vier Minuten zugedeckt mit 700 Watt garen.

Geschnetzeltes mit Käsekartoffeln

100 Gramm Kalbschnitzel

100 Gramm Champignons

2 EL Zitronensaft

1 Schalotte

1 TL Mehl

1 TL Öl

2 EL Weißwein

3 EL Sahne (30%)

1 Eigelb

Salz

Pfeffer

2 gekochte Kartoffeln

1 EL geriebener Käse (45%)

1 EL Petersilie

1. Das Kalbfleisch schnetzeln. Die Champignons halbieren und mit Zitronensaft beträufeln. Die Schalotte ganz fein würfeln, alles gut mischen und zudecken.

2. In einer Tasse Mehl, Öl, Weißwein, einen Eßlöffel Sahne, Eigelb, Salz und Pfeffer verrühren.

3. Die Kartoffeln pellen, in Scheiben schneiden und in ein Porzellanförmchen füllen. Käse, zwei Eßlöffel Sahne, Salz und Pfeffer verrühren und darübergießen.

4. Das Geschnetzelte vier Minuten mit 450 Watt garen und zwischendurch umrühren. Die Eigelb-Sahne-Mischung unter ständigem Rühren zugießen und zugedeckt eine Minute mit 450 Watt erhitzen, auf jeden Fall nach 30 Sekunden einmal durchrühren. Das Geschnetzelte beiseite stellen.

5. Die Kartoffeln offen drei Minuten mit 450 Watt erhitzen und herausnehmen.

6. Das Geschnetzelte auf einem Teller anrichten, mit Petersilie bestreuen und die Käsekartoffeln danebenlegen.

Paprikagulasch mit Kartoffelschnee

3 Kartoffeln

Salz

100 Gramm Rindfleisch (Keule)

1 Knoblauchzehe

1 Zwiebel

1 Tomate

1 Paprikaschote

1 TL Mehl

1 TL Öl

½ TL Instant-Brühe

2 TL Tomatenmark

2 EL Sahne (30%)

Pfeffer

Edelsüß-Paprika

1. Kartoffeln schälen, würfeln, in eine Schüssel legen, eine halbe Tasse Wasser und etwas Salz zugeben und zudecken.
2. Das Fleisch würfeln, die Knoblauchzehe und die Zwiebel pellen und in Stifte beziehungsweise Streifen schneiden. Tomate und Paprikaschote entkernen und würfeln.
3. In einer Tasse Mehl mit Öl, vier Eßlöffel Wasser, Instant-Brühe, Tomatenmark, Sahne, Pfeffer und Edelsüß-Paprika mit einer Gabel verrühren.
4. Die Kartoffeln sechs Minuten mit 700 Watt kochen, zwischendurch einmal umschichten und beiseite stellen.

5. Fleisch, Knoblauch, Zwiebel und Paprikawürfel in einer Schüssel offen sechs Minuten mit 450 Watt garen. Zwischendurch einmal umrühren. Sauce und Tomatenwürfel zugeben und offen zwei Minuten mit 450 Watt erhitzen. Zwischendurch einmal umrühren.
6. Die Kartoffeln abgießen, durch eine Presse drücken. Das Paprikagulasch daneben anrichten.

Schweinefleisch süßsauer

100 Gramm Schweinefilet

2 Frühlingszwiebeln

1 Scheibe Ananas (Dose)

6 EL gekochter Naturreis

2 EL Tomatenketchup

2 TL Öl

1 EL Sojasauce

1 EL Weinessig

Süßstoff

1. Das Schweinefilet schnetzeln. Die Frühlingszwiebeln putzen, die weißen Teile vierteln, die grünen Teile in Streifen schneiden. Die Ananas in Stückchen teilen. Den Reis in eine kleine Schüssel füllen und zudecken.
2. Fleisch und weiße Frühlingszwiebeln in eine Schüssel legen. Tomatenketchup, Öl, Sojasauce, Weinessig und einige Tropfen

Süßstoff verrühren und über das Fleisch gießen. Alles noch einmal mischen, zudecken und zwei Minuten mit 700 Watt garen.

3. Fleisch und Zwiebeln umrühren, die grünen Zwiebelstreifen und die Ananasstückchen zugeben und wieder zudecken. Zusammen mit dem Reis zwei Minuten mit 450 Watt erhitzen.

Königsberger Klopse

100 Gramm Beefsteakhack (Tatar)
1 Zwiebel
1 EL Semmelbrösel
2 EL Petersilie
2 EL Mineralwasser
Salz
Pfeffer
6 EL gekochter Naturreis
1 TL Mehl
1 TL Öl
2 EL Sahne (30%)
1 EL Zitronensaft
2 TL Kapern
1 TL Instant-Brühe
einige Scheiben Rote Bete (Glas)

1. Beefsteakhack und Zwiebel im Blitzhacker zerkleinern. Mit Semmelbröseln, Petersilie, Mineralwasser, Salz und Pfeffer vermischen. Den Teig fünf Minuten ruhen lassen. Drei Klopse daraus formen.

2. Den Reis in eine kleine Schüssel füllen und zudecken. In einer Tasse Mehl, Öl, Sahne, Zitronensaft und Kapern verrühren.

3. Eine Schüssel mit vier Eßlöffel Wasser und Instant-Brühe füllen, die Klopse hineinlegen und zugedeckt fünf Minuten mit 700 Watt garen. Zwischendurch die Klopse einmal umschichten.

4. Den Reis hineinstellen. Die Sauce in die Fleischbrühe rühren und beides drei Minuten mit 700 Watt erhitzen. Sowohl den Reis als auch die Kapernsauce zwischendurch einmal umrühren.

5. Klopse und Reis auf einem Teller anrichten. Die Klopse mit der Kapernsauce übergießen und die Rote-Bete-Scheiben an den Tellerrand legen.

Scharfe Fleischspieße mit Curryreis

100 Gramm Schweinefilet

2 Zwiebeln

1 Stückchen Zucchini

Salz

Pfeffer aus der Mühle

1 EL Tomatenketchup

1 EL Tomatenmark

Curry

Süßstoff

6 EL gekochter Naturreis

1 TL Butter oder Margarine

1. Schweinefilet würfeln, eine Zwiebel vierteln, die andere in Streifen schneiden, die Zucchini in Stücke teilen. Fleisch, Zwiebelviertel und Zucchinistücke abwechselnd auf zwei Holzspieße stecken. Die Spieße in eine längliche Schüssel legen, die Zwiebelstreifen am Rand verteilen und alles mit Salz und Pfeffer würzen.

2. In einer Tasse Tomatenketchup, Tomatenmark, zwei Eßlöffel Wasser, Salz, Pfeffer, Curry und einige Tropfen Süßstoff verrühren und über die Spieße gießen. Die Schüssel zudecken und vier Minuten mit 450 Watt garen. Zwischendurch die Spieße wenden und die Sauce durchrühren.

3. Die Spieße noch einmal umlegen, die Sauce durchrühren und wieder zudecken. Den Reis mit Curry und Butter vermischen, in eine kleine Schüssel füllen und zudecken. Spieße und Reis noch einmal zwei Minuten mit 450 Watt erhitzen.

4. Beides herausnehmen. Den Reis mit einer Gabel durchrühren und auf einem Teller anrichten. Die Fleischspieße danebenlegen und mit der Sauce übergießen.

Lachs in Kerbelsahne

2 Kartoffeln
50 Gramm Zuckerschoten
Salz
100 Gramm Lachsfilet
1 Bund Kerbel
1 Tasse Weißwein
5 Nelken
1 Zwiebel
1 Lorbeerblatt
einige Pfefferkörner
2 Zitronenscheiben
2 EL Sahne (30%)
1 Eigelb
weißer Pfeffer

1. Kartoffeln schälen, Zuckerschoten putzen, beides in kleine Schüsseln legen, etwas Salzwasser zugießen und zudecken. Das Lachsfilet abspülen und trockentupfen. Kerbel abzupfen und hakken. In einer etwas größeren Schüssel einen Sud zubereiten aus Weißwein, Nelken, Zwiebel, Lorbeerblatt, Pfefferkörnern und Zitronenscheiben.

2. Kartoffeln und Sud zugedeckt sechs Minuten mit 700 Watt kochen. Die letzten drei Minuten die Zuckerschoten dazustellen. Alles herausnehmen und beiseite stellen.

3. In einer kleinen Schüssel zwei Eßlöffel von dem Sud mit Sahne, Eigelb, Salz und Pfeffer schaumig schlagen und nicht zudecken. Das Lachsfilet in den Sud legen (der Fisch sollte gerade zur Hälfte bedeckt sein), zudecken und drei Minuten mit 450 Watt erhitzen. Die Sauce nach einer Minute dazustellen und alle 30 Sekunden mit dem Schneebesen kräftig durchrühren. Zum Schluß den Kerbel unterziehen.

4. Kartoffeln und Zuckerschoten abgießen und auf einen Teller legen. Den Lachs mit einer Schaumkelle aus dem Sud heben, daneben anrichten und mit der Sauce übergießen.

Tip: Die Kerbelsauce ist sehr empfindlich und gelingt nur, wenn Sie die angegebenen Zeiten genau einhalten.

Gefüllte Forelle und Pellkartoffeln

3 Kartoffeln
1 kleine Forelle (250 g)
1 EL Zitronensaft
Salz
Pfeffer
1 EL gehackte Petersilie
1 Tomate
2 TL Butter oder Margarine
1 Petersilienzweig
1 Zitronenscheibe

1. Die Kartoffeln waschen, in eine Schüssel füllen, drei Eßlöffel Wasser zugießen und zugedeckt sechs Minuten mit 700 Watt garen (eventuell eine Garprobe machen). Herausnehmen und vorerst beiseite stellen.

2. Die Forelle abspülen, trockentupfen und auf eine Platte legen. Die Innenseite mit Zitronensaft beträufeln und mit Salz und Pfeffer würzen. Mit Petersilie, Tomatenscheiben und Butterflöckchen füllen.

3. Die Fischplatte mit Mikrofolie abdecken und die Forelle acht Minuten mit 450 Watt erhitzen. Die Platte zwischendurch zweimal drehen.

4. Die Kartoffeln abgießen, pellen und neben den Fisch legen. Einen Petersilienzweig und eine Zitronenscheibe dazulegen.

Tip: Die Kartoffeln müssen vorher gegart werden, weil sie höchstwahrscheinlich zusammen mit der Fischplatte nicht ins Mikrowellengerät passen.
Übrigens, Mikrofolie ist eine dünne, durchsichtige Kunststoffolie zum Abdecken von Speisen. Sie können auch Pellkartoffeln darin einwickeln und dann ohne Wasser garen.

Rotbarschfilet mit Dillsauce

3 Kartoffeln

Salz

200 Gramm Rotbarschfilet

Pfeffer

1 Tasse Weißwein

5 Nelken

1 Zwiebel

einige Pfefferkörner

1 TL Mehl

1 TL Öl

2 EL Sahne (30%)

1 MSP Instant-Brühe

einige Gurkenscheiben

1 EL gehackter Dill

1. Die Kartoffeln schälen, halbieren und in eine Schüssel mit einer halben Tasse Salzwasser legen und zudecken.

2. Das Fischfilet abspülen und auf Küchenkrepp legen. Mit Salz und Pfeffer würzen.

3. Einen Sud zubereiten aus Weißwein, einer mit Nelken gespickten Zwiebel und Pfefferkörnern und zugedeckt zusammen mit der Kartoffelschüssel sechs Minuten mit 700 Watt kochen. Nach dieser Zeit die Kartoffeln prüfen, ob sie gar sind. Sonst müssen sie noch mit dem Fisch weiterkochen.

4. Mehl, Öl, vier Eßlöffel Wasser, Sahne und Instant-Brühe in einer kleinen Schüssel verrühren und

zudecken. Den Fisch in den Sud legen und ebenfalls zudecken. Beide Schüsseln (eventuell auch noch die Kartoffeln) drei Minuten mit 700 Watt garen. Die Sauce zwischendurch zweimal umrühren.

5. Die Gurkenscheiben auf einen Teller legen und mit Salz bestreuen. Die Kartoffeln abgießen und danebenlegen. Das Fischfilet aus dem Sud heben und dazulegen. Die Sauce mit dem gehackten Dill verrühren und über den Fisch gießen.

Schellfisch mit Senfsauce

3 Kartoffeln

2 Zwiebeln

5 Nelken

5 Zitronenscheiben

1 Tasse Weißwein

Salz

einige Pfefferkörner

200 Gramm Schellfischfilet

Pfeffer

4 TL Senf

6 TL Crème fraîche

1 Spritzer Süßstoff

1 EL gehackte Petersilie

1. Die Kartoffeln waschen, in eine Schüssel legen, eine halbe Tasse Wasser zugießen und zudecken.

2. Der Fischsud: Die Zwiebeln pellen, halbieren und mit Nelken spikken. In eine längliche Schüssel legen. Die Zitronenscheiben, Weißwein, eine Tasse Wasser, etwas Salz und Pfefferkörner zugeben und zudecken.

3. Beide Schüsseln für sechs Minuten mit 700 Watt in das Mikrowellengerät stellen.

4. Das Fischfilet abspülen und mit Küchenkrepp trockentupfen. Mit Salz und Pfeffer würzen.

5. In einer kleinen Schüssel zwei Eßlöffel von dem Sud mit Senf, Crème fraîche, Salz, Pfeffer und Süßstoff verrühren und zudecken. In die Schüssel mit dem Sud den Fisch legen und zudecken. Fisch und Senfsauce drei Minuten mit 700 Watt garen.

6. In der Zwischenzeit die Kartoffeln pellen und auf einem Teller mit der Petersilie anrichten.

7. Den Fisch vorsichtig aus dem Sud heben, neben die Kartoffeln legen und mit der Senfsauce übergießen.

Currykrabben mit Reis

100 Gramm Grönlandkrabben
½ Apfel
1 Banane
2 EL Zitronensaft
½ TL Curry
Salz
einige Tropfen Süßstoff
2 EL Sahne (30%)
6 EL gekochter Naturreis
1 TL gehackte Walnüsse

1. Die Krabben abspülen und auf Küchenkrepp abtropfen lassen. Den Apfel schälen und in Stücke schneiden. Die Banane schälen, die eine Hälfte in Stücke, die andere Hälfte in Scheiben schneiden.
2. Zitronensaft und zwei Eßlöffel Wasser in einen Mixbecher füllen. Die Apfel- und Bananenstücke zugeben und mit dem Schneidstab pürieren. Die Masse in eine Schüssel füllen.
3. Mit Curry, Salz, Süßstoff und Sahne verrühren. Die Krabben zu-geben und zugedeckt zwei Minuten mit 450 Watt erhitzen. Den Reis ebenfalls zugedeckt dazustellen.
4. Die Currykrabben gut durchrühren, die Bananenscheiben zugeben – einige für die Dekoration zurückbehalten – und zugedeckt weitere zwei Minuten mit 450 Watt erhitzen.
5. Reis und Currykrabben herausnehmen und auf einem Teller anrichten. Die gehackten Nüsse über den Curry streuen.

Hummerkrabbenschwänze

5 Hummerkrabbenschwänze

1 Knoblauchzehe

1 Schalotte

4 Tomaten

1 EL Öl

Salz

Pfeffer

Cayennepfeffer

1 EL Cognac

2 TL Tomatenmark

2 MSP getrockneter Thymian

1 Zweig Petersilie oder Basilikum

1 Stückchen Baguette oder

1 Brötchen

1. Die Hummerkrabbenschwänze auf der Rückseite aufritzen, den Darm – den kleinen schwarzen Faden – entfernen, abspülen und trockentupfen. Die Knoblauchzehe und Schalotte pellen und fein würfeln. Zwei Tomaten enthäuten und kleinschneiden. Die beiden anderen vierteln.

2. Hummerkrabben, Knoblauch, Schalotte und Öl in eine Schüssel geben und offen zwei Minuten mit 700 Watt dünsten.

3. Die kleingeschnittenen Tomaten, Salz, Pfeffer, Cayennepfeffer, Cognac, Tomatenmark und Thymian zugeben und offen fünf Minuten mit 450 Watt köcheln lassen. Zwischendurch zweimal umrühren. Die letzten beiden Minuten die Tomatenviertel dazugeben.

4. Die Hummerkrabbenschwänze mit der Sauce zusammen mit dem Kräuterzweig auf einem Teller anrichten. Dazu gibt es Baguette.

31

Reispfanne mit Porree und Krebsfleisch

1 Ei (Handelsklasse 4)
Salz
Pfeffer aus der Mühle
1 kleine Stange Porree
2 EL tiefgekühlte Erbsen
6 EL gekochter Naturreis
2 TL Butter oder Margarine
100 Gramm Krebsfleisch
einige Tropfen Sojasauce

1. Das Ei mit Salz und Pfeffer verquirlen. Den Porree putzen, waschen und in Ringe schneiden. Die Erbsen auftauen.
2. Den Reis zusammen mit der Butter in einer Porzellanpfanne offen eine Minute mit 700 Watt erhitzen. Gut umrühren. Das Ei darübergießen und eine Minute bei 700 Watt stocken lassen. Zwischendurch einmal umrühren.
3. Das Krebsfleisch, die Porreeringe und die Erbsen darauf verteilen, mit wenig Salz und Pfeffer würzen und mit Mikrofolie zugedeckt eine Minute mit 700 Watt erhitzen.
4. In der Porzellanpfanne servieren und mit einigen Tropfen Sojasauce würzen.

Tip: Statt Krebsfleisch können Sie auch 100 Gramm Krabbenfleisch oder Shrimps nehmen. Die

können Sie mit etwas Zitronensaft vorher beträufeln.

Schollenfilets mit Kartoffel-Zwiebel-Gemüse

150 Gramm tiefgekühlte Schollenfilets
2 gekochte Kartoffeln
2 Frühlingszwiebeln
1 EL Weinessig
1 EL Öl
Salz
Pfeffer
1 EL Weißwein
1 Tomate
2 TL Butter oder Margarine

1. Die tiefgekühlten Schollenfilets auftauen lassen. Die Kartoffeln pellen und in Scheiben schneiden. Die geputzten Frühlingszwiebeln in hauchdünne Ringe schneiden. Einen Eßlöffel von den dunkelgrünen Zwiebelringen beiseite stellen.
2. Die Kartoffelscheiben und Frühlingszwiebeln in eine kleine Auflaufform schichten. Weinessig mit Öl, Salz und Pfeffer verrühren und über die Kartoffeln gießen. Mit Mikrofolie abdecken.
3. Die Fischfilets in eine zweite Auflaufform legen (beide Formen müssen so groß sein, daß sie zusammen ins Mikrowellengerät passen). Den Weißwein zugies-

sen. Die Tomate vierteln, entkernen und in kleine Würfel schneiden. Die Tomatenwürfel und die zurückbehaltenen grünen Zwiebelringe auf dem Fisch verteilen. Mit Salz, Pfeffer und Butterflöckchen bestreuen und mit Mikrofolie abedecken.

4. Fisch und Kartoffeln zusammen fünf Minuten mit 450 Watt erhitzen. Zwischendurch die Auflaufformen einmal umstellen.

Hähnchenkeule mit Paprikagemüse

1 Paprikaschote
2 Zwiebeln
2 TL Öl
1 EL Weinessig
3 TL Tomatenketchup
2 TL Honig
1 Hähnchenkeule
Salz
Pfeffer
Edelsüß-Paprika
6 EL gekochter Naturreis
2 EL Brühe (Instant)

1. Die Paprikaschote waschen und die Rippen und Kerne entfernen. Die Zwiebeln pellen und beides in große Würfel schneiden. Öl, Weinessig, Tomatenketchup und Honig in einer Schüssel mischen, das Gemüse dazugeben und zudecken.
2. Die Haut von der Hähnchenkeule abziehen. Die Keule mit Salz, Pfeffer und Edelsüß-Paprika bestreuen und auf einen Teller legen. Den Reis danebenlegen und zwei Eßlöffel Brühe (Instant) zugießen und mit Mikrofolie abdecken.
3. Das Gemüse sechs Minuten mit 700 Watt garen. Zwischendurch zweimal umrühren. Nach einer Minute den Teller mit der Hähnchenkeule und dem Reis dazustellen.

4. Das Gemüse noch einmal mit Salz, Pfeffer und eventuell Weinessig abschmecken und neben die Hähnchenkeule legen.

Hühnerfrikassee mit Risi Bisi

6 EL gekochter Naturreis
50 Gramm tiefgekühlte Erbsen
100 Gramm Champignons
1 Hähnchenbrustfilet
Salz
Pfeffer
1 EL Petersilie
1 TL Mehl
1 TL Öl
1 EL Sahne (30%)
1 EL Zitronensaft
½ TL Instant-Hühnerbrühe
1 Eigelb

1. Reis und Erbsen in eine Schüssel füllen und zudecken.
2. Die Champignons putzen, waschen, trockentupfen und halbieren. Das Hähnchenbrustfilet schräg in dünne Scheiben schneiden. Pilze und Geflügelfleisch in eine Schüssel legen, mit Salz und Pfeffer würzen, zwei Eßlöffel Wasser zugießen und zudecken. Die Petersilie hacken.
3. In einer kleinen Schüssel Mehl, Öl, Sahne, Zitronensaft, einen Eßlöffel Wasser, Instant-Hühnerbrühe und Eigelb verquirlen.

4. Das Hähnchenfleisch mit den Champignons drei Minuten mit 700 Watt garen. Zwischendurch einmal umrühren.

5. Die Eiersauce unter ständigem Rühren an den Rand vom Hähnchenfleisch gießen und wieder zudecken. Dieses Frikassee zusammen mit dem Reis drei Minuten mit 450 Watt weitergaren. Das Frikassee muß jede Minute umgerührt werden (noch besser: alle 30 Sekunden), damit das Ei nicht ausflockt. Den Reis einmal in dieser Zeit umrühren.

6. Das Frikassee mit Petersilie mischen und neben dem Reis anrichten.

35

Hähnchenbrust im Kräutermantel

2 EL Petersilie

1 Knoblauchzehe

½ TL getrockneter Thymian

1 TL Semmelbrösel

1 TL Öl

1 Hähnchenbrustfilet

Salz

Pfeffer

½ TL Instant-Brühe

6 EL gekochter Naturreis

2 Tomaten

2 TL Crème fraîche

2 EL geriebener Käse (45%)

1. Petersilie und Knoblauchzehe fein hacken und mit Thymian, Semmelbröseln und Öl zu einer Paste verrühren. Das Hähnchenbrustfilet mit Salz und Pfeffer würzen und die Oberseite mit der Paste bestreichen. Drei Eßlöffel Wasser und Instant-Brühe in eine Schüssel geben, die Hähnchenbrust mit der Paste nach oben hineinlegen und zudecken.
2. Reis auf einen Teller legen, Tomaten vierteln und auf den Reis setzen. Mit Salz, Pfeffer, Crème-fraîche-Flöckchen und Käse bestreuen. Mit Mikrofolie abdecken.
3. Hähnchenbrust und Reisteller vier Minuten mit 700 Watt erhitzen. Einmal zwischendurch die Gefäße drehen und umstellen.

4. Die Hähnchenbrust auf den Reisteller legen und in Scheiben schneiden.

Putenschnitzel in Estragonsahne mit Brokkoli

3 Kartoffeln

Salz

100 Gramm Putenschnitzel

Pfeffer

150 Gramm tiefgekühlter Brokkoli

3 TL Zitronensaft

½ TL Butter oder Margarine

1 Schalotte

1 EL Estragon

1 TL Mehl

1 TL Öl

2 EL Weißwein

1 EL Sahne (30%)

1 Eigelb

1. Die Kartoffeln schälen, in eine Schüssel mit etwas Salzwasser legen und zudecken. Das Putenschnitzel abspülen, trockentupfen, salzen, pfeffern, auf einen Teller legen und mit Mikrofolie zudecken. Den aufgetauten Brokkoli in eine Schüssel legen und mit zwei Teelöffel Zitronensaft, Butterflöckchen, Salz und Pfeffer würzen, ebenfalls zudecken.
2. Die Schalotte schälen und fein würfeln, den Estragon hacken. Mehl, Öl, Weißwein, Sahne, drei

Eßlöffel Wasser, einen Teelöffel Zitronensaft, Schalotte, Salz, Pfeffer und Eigelb verquirlen.

3. Die Kartoffeln vier Minuten mit 700 Watt kochen und einmal zwischendurch umschichten. Dann das Putenschnitzel dazustellen und beides weitere drei Minuten mit 700 Watt garen. Nach der Halbzeit sowohl die Kartoffeln noch einmal umschichten als auch das Putenschnitzel wenden. Beides herausnehmen und beiseite stellen.

4. Den Brokkoli zugedeckt und die Sauce offen vier Minuten mit 450 Watt erhitzen. In dieser Zeit den Brokkoli einmal umschichten und die Sauce alle 30 Sekunden durchquirlen.

Putencurry

100 Gramm Putenschnitzel

1 EL Sojasauce

2 TL Öl

2 TL Zitronensaft

1 Mandarine oder

1 Scheibe Ananas (Dose)

50 Gramm Zuckerschoten

50 Gramm tiefgekühlte Erbsen

6 EL gekochter Naturreis

2 EL Sahne (30%)

2 TL Curry

Salz

3 Spritzer Süßstoff

1. Das Putenfleisch schräg zur Faser in dünne Scheiben schneiden. In eine Schüssel legen, mit Sojasauce, Öl und einem Teelöffel Zitronensaft mischen und eine Weile ziehen lassen.
2. Die Mandarine schälen und kleinschneiden. Die Zuckerschoten waschen und schräg in Stücke schneiden. Die Erbsen und Reis zurecht stellen.
3. Aus Sahne, zwei Eßlöffel Wasser, Curry, einem Teelöffel Zitronensaft, Salz und Süßstoff eine Sauce rühren.
4. Das Putenfleisch drei Minuten offen mit 700 Watt garen. Zwischendurch einmal umrühren und die einzelnen Fleischstückchen trennen. Dann Reis, Mandarine, Zuckerschoten, Erbsen und die Currysauce zugeben und mischen. Zugedeckt vier Minuten mit 450 Watt erhitzen.

Geschnetzeltes Hühnerfleisch mit Glasnudeln

1 Hähnchenbrustfilet

3 EL Sojasauce

1 EL Öl

1 Stange Porree

1 Möhre

30 Gramm Glasnudeln

½ TL Instant-Brühe

1 TL Weizenstärke

1. Das Hähnchenbrustfilet in Streifen schneiden, in zwei Eßlöffel Sojasauce und Öl legen und eine Weile ziehen lassen. Porree putzen, waschen und schräg in Ringe schneiden. Die Möhre putzen und in Stifte schneiden.
2. Die Glasnudeln in eine Schüssel legen. Zwei Tassen Wasser drei Minuten mit 700 Watt erhitzen und über die Glasnudeln gießen.
3. Hühnerfleisch mit der Marinade in eine Schüssel geben, drei Eßlöffel Wasser, Instant-Brühe und Gemüse dazutun. Zugedeckt fünf Minuten mit 700 Watt garen, zwischendurch zweimal umrühren.
4. Weizenstärke mit zwei Eßlöffel Wasser verquirlen, zu dem Hühnerfleisch gießen und zuge-

deckt eine Minute mit 700 Watt durchkochen.

5. Die Glasnudeln gut abtropfen lassen, mit der restlichen Soja- sauce würzen und auf einen Teller legen. Das geschnetzelte Hühner- fleisch mit dem Gemüse daneben anrichten.

Putenspieße
mit scharfer Currysauce

6 EL gekochter Naturreis
2 TL Öl
1 TL Curry
2 Tomaten
1 Stück Gurke (100 g)
2 Zwiebeln
100 Gramm Putenschnitzel
Salz
Pfeffer
2 EL Sahne (30%)
4 TL Tomatenmark
1 Spritzer Süßstoff

1. Den Reis in eine Schüssel füllen, mit einem Teelöffel Öl und einem halben Teelöffel Curry vermengen und zudecken.
2. Tomaten waschen und vierteln. Gurke schälen und in einen Zentimeter dicke Scheiben schneiden. Die Zwiebeln pellen. Die eine vierteln und die einzelnen Schichten lösen. Die andere halbieren, in hauchdünne Scheiben schneiden und beiseite stellen. Putenfleisch schräg zur Faser in Stücke teilen. Tomaten, Zwiebel, Gurke und Putenfleisch abwechselnd auf drei Holzspieße stecken, salzen und pfeffern.
3. Sahne mit vier Eßlöffel Wasser, einem Teelöffel Öl, Tomatenmark, einem halben Teelöffel Curry, Salz, Pfeffer, Süßstoff und Zwiebelstrei-

fen verrühren und in eine längliche Schüssel gießen. Die Spieße obenauf legen und zudecken. Sechs Minuten mit 700 Watt garen, nach drei Minuten die Spieße umschichten, die Sauce durchrühren und den Reis dazustellen.
4. Die Spieße und den Curryreis auf einen Teller legen. Die Sauce noch einmal umrühren und über die Spieße gießen.

Putenroulade mit Rosenkohl
und Kartoffelschnee

3 Kartoffeln
Salz
150 Gramm tiefgekühlter Rosenkohl
Pfeffer
2 TL Zitronensaft
½ TL Butter oder Margarine
1 große, dünne Scheibe Putenschnitzel (100 g)
4 TL Senf
1 kleine Gewürzgurke
2 EL Mineralwasser
2 EL Sahne (30%)

1. Die Kartoffeln schälen, würfeln, in eine Schüssel legen, salzen, knapp mit Wasser bedecken und zudecken. Den Rosenkohl in eine Schüssel legen, zwei Eßlöffel Wasser, Salz, Pfeffer, Zitronensaft und Butterflöckchen zugeben und zudecken.

2. Das Putenfleisch von beiden Seiten salzen und pfeffern und auf einer Seite mit einem Teelöffel Senf bestreichen. Die Gewürzgurke darauflegen, das Fleisch aufrollen und mit einem Zahnstocher feststecken. Die Roulade auf einen Teller legen und mit Mikrofolie zudecken. In einer kleinen Schüssel Mineralwasser, Sahne, drei Teelöffel Senf und wenig Salz verquirlen.

3. Die Kartoffeln drei Minuten mit 700 Watt kochen. Dann den Rosenkohl dazustellen und vier Minuten mit 700 Watt weitergaren. Sowohl Kartoffeln als auch Rosenkohl zwischendurch zweimal umrühren. Beide Schüsseln herausnehmen und beiseite stellen.

4. Die Putenroulade zugedeckt und die Sauce offen drei Minuten mit 700 Watt erhitzen. Jede Minute die Roulade drehen und die Sauce durchquirlen.

5. Kartoffeln und Rosenkohl abgießen. Die Kartoffeln schnell durch eine Kartoffelpresse direkt auf einen Teller drücken. Den Rosenkohl und die Putenroulade danebenlegen und mit der Sauce übergießen.

Käseomelett mit Tomaten, Kartoffeln und Salat

3 Kartoffeln

Salz

1 Tomate

2 Eier (Handelsklasse 4)

2 EL Mineralwasser

1 TL Butter oder Margarine

3 EL geriebener Käse (45%)

1 EL gehackte Petersilie

einige Salatblätter

1. Die Kartoffeln schälen und in etwas Salzwasser zugedeckt sechs Minuten mit 700 Watt kochen und beiseite stellen.
2. Die Tomate halbieren und in dünne Spalten schneiden. Die Eier mit Mineralwasser und etwas Salz mit einem elektrischen Quirl sehr schaumig schlagen.
3. Eine flache Schüssel oder – noch besser – den Deckel einer Glasschüssel mit Butter oder Margarine auspinseln, die Eimasse hineingießen und offen vier Minuten mit 450 Watt stocken lassen. Von unten schauen, ob die Eimasse in der Mitte auch gestockt ist, sonst noch eine Minute zugeben.
4. Das Omelett vorsichtig mit einem Spatel vom Boden lösen. Auf der einen Hälfte den Käse und einige Tomatenspalten verteilen, die andere Hälfte darüberklappen und offen eine Minute mit 700 Watt erhitzen, damit der Käse schmilzt.
5. Die Kartoffeln abgießen, in der Petersilie und einer Messerspitze Butter oder Margarine schwenken und auf einem Teller anrichten. Die Salatblätter und die restlichen Tomatenspalten dazulegen und das Omelett mit Hilfe eines Bratenwenders aus der Form nehmen und danebenlegen.

Kartoffelomelett mit Salat

1 Zwiebel

4 Kartoffeln

2 Eier (Handelsklasse 4)

1 EL Mineralwasser

Salz

Pfeffer

1 Tomate

1 Gewürzgurke

einige Salatblätter

2 TL Butter oder Margarine

3 EL Brühe (Instant)

1 MSP Edelsüß-Paprika

1 EL Schnittlauchröllchen

1. Die Zwiebel pellen und fein würfeln. Die Kartoffeln schälen und in dünne Scheiben schneiden. Die Eier mit Mineralwasser, Salz und Pfeffer verquirlen. Die Tomate achteln, die Gewürzgurke in Scheiben schneiden und den Salat etwas zerpflücken.

2. Die Zwiebelwürfel in Butter oder Margarine in einer Auflaufform zwei Minuten offen mit 700 Watt dünsten. Die Kartoffelscheiben darauf verteilen, die Brühe zugießen und zugedeckt drei Minuten mit 700 Watt garen. Kartoffelscheiben zwischendurch einmal umschichten.

3. Die Eimasse auf die Kartoffelscheiben gießen und drei Minuten offen mit 450 Watt stocken lassen.
4. Salatblätter, Tomatenachtel und Gurkenscheiben auf einem Teller anrichten und das Kartoffelomelett danebenlegen. Mit Edelsüß-Paprika und Schnittlauchröllchen bestreuen.

43

Gemüsepfanne

2 Tomaten
100 Gramm Champignons
2 Frühlingszwiebeln
1 Paprikaschote
1 Zucchini
1 Knoblauchzehe
1 EL Weinessig
1 Zweig Rosmarin
4 TL Tomatenmark
Salz
Pfeffer
Edelsüß-Paprika
Süßstoff
6 EL gekochter Naturreis
4 EL geriebener Käse (45%)

1. Das Gemüse putzen und waschen. Die Tomaten vierteln, Champignons halbieren, Frühlingszwiebeln in Ringe, Paprikaschote in Stücke, Zucchini in dünne Scheiben schneiden und die Knoblauchzehe sehr fein hacken.

2. Das Gemüse zusammen mit Weinessig, Rosmarin und Knoblauch in eine Schüssel geben und zugedeckt fünf Minuten mit 700 Watt und fünf Minuten mit 450 Watt garen. Zwischendurch zwei- bis dreimal umrühren.

3. Das Gemüse mit Tomatenmark verrühren und mit Salz, Pfeffer, Edelsüß-Paprika und Süßstoff abschmecken.

4. In einer Auflaufform Reis, Gemüse und Käse übereinanderschichten und offen drei Minuten mit 700 Watt erhitzen.

Tip: Anstelle von Champignons können Sie auch die gleiche Menge Austernpilze oder eine andere Pilzsorte wählen.

Risotto mit Pilzen

1 Zwiebel

1 Knoblauchzehe

100 Gramm Pilze (Pfifferlinge, Champignons oder Austernpilze)

2 EL Petersilie

1 EL Öl

4 EL Naturreis

1 reichliche Tasse Brühe (Instant)

2 EL geriebener Käse (45%)

Salz

Pfeffer aus der Mühle

1. Zwiebel und Knoblauch pellen und fein würfeln. Pilze putzen und halbieren. Petersilie hacken.

2. Zwiebel mit dem Öl in eine Schüssel geben und zwei Minuten offen mit 700 Watt dünsten. Reis und Brühe zugeben und zugedeckt 13 Minuten mit 450 Watt garen. Zwischendurch zwei- bis dreimal umrühren. Wenn nötig, noch etwas mehr Brühe (Instant) zugießen.

3. Pilze und Knoblauch zum Reis geben, umrühren und fünf Minuten zugedeckt mit 450 Watt weitergaren. Zwischendurch wieder umrühren.

4. Käse und Petersilie zugeben und gut mischen. Mit Salz und Pfeffer abschmecken.

Blumenkohlauflauf mit Schinken

4 Kartoffeln

150 Gramm Blumenkohl

1 große Scheibe gekochter Schinken

Salz

Pfeffer

2 EL Zitronensaft

1 EL Sahne (30%)

Muskat

1 TL Semmelbrösel

2 TL Butter oder Margarine

1. Die Kartoffeln schälen und in Stücke schneiden. Den Blumenkohl putzen und in Röschen teilen. Den Schinken würfeln.

2. Die Kartoffeln in einer halben Tasse Salzwasser zugedeckt acht Minuten mit 700 Watt garen. Die Blumenkohlröschen ebenfalls in einer halben Tasse Salzwasser zugedeckt nach drei Minuten dazustellen.

3. Die Blumenkohlröschen in eine Auflaufform legen, den Schinken

darauf verteilen und alles mit Pfeffer und Zitronensaft würzen.

4. Die Kartoffeln in etwas Kartoffelwasser mit einer Gabel zerdrükken, die Sahne hinzugeben und alles zu einem Mus verrühren. Mit Salz, Pfeffer und Muskat abschmecken. Das Püree auf dem Blumenkohl verteilen.

5. Semmelbrösel und Butterflöckchen über den Auflauf streuen und vier Minuten mit 450 Watt bräunen.

Porreegratin

2 Kartoffeln
2 mittelgroße Stangen Porree
1 große Scheibe gekochter Schinken
3 EL Brühe (Instant)
4 EL geriebener Käse (45%)
2 EL Sahne (30%)
Salz
Pfeffer
Edelsüß-Paprika

1. Die Kartoffeln schälen und in hauchdünne Scheiben schneiden. Den Porree putzen und ebenfalls in Scheiben schneiden. Den Schinken grob hacken.

2. Alles in eine Auflaufform schichten, die Brühe zugießen und zugedeckt vier Minuten mit 700 Watt garen. Zwischendurch die Auflaufform einmal ein bißchen drehen.

3. In der Zwischenzeit Käse mit Sahne, Salz und Pfeffer verrühren und auf dem Gemüse verteilen. Offen vier Minuten mit 450 Watt garen. Zwischendurch die Auflaufform einmal drehen.

4. Das Gemüsegericht mit etwas Edelsüß-Paprika bestäuben und in der Auflaufform servieren.

47

Tomaten-Fleisch-Sauce mit Bandnudeln

1 Zwiebel

1 Knoblauchzehe

3 Tomaten

2 TL Öl

75 Gramm Bandnudeln

Salz

50 Gramm Beefsteakhack (Tatar)

4 TL Tomatenmark

½ TL Instant-Brühe

Edelsüß-Paprika

getrockneter Oregano

Pfeffer aus der Mühle

einige Blättchen frisches Basilikum

1. Zwiebel und Knoblauchzehe pellen und fein würfeln. Tomaten waschen und kleinschneiden. Zwiebel- und Knoblauchwürfel mit Öl in eine Schüssel geben.

2. Bandnudeln in einem knappen halben Liter Salzwasser zugedeckt zehn Minuten mit 700 Watt garen und die Nudeln dabei zweimal umrühren.

3. Zwiebel- und Knoblauchwürfel offen für zwei Minuten dazustellen. Herausnehmen, das Beefsteakhack fein zerkrümelt dazugeben und alles eine Minute offen weitergaren.

4. Dann Tomatenstücke, Tomatenmark, Brühe, drei Eßlöffel Wasser, Edelsüß-Paprika und Oregano in die Tomatensauce geben und für die letzten drei Minuten noch einmal offen darzustellen.

5. Bandnudeln abgießen und auf einen Teller legen. Die Tomaten-Fleisch-Sauce mit Salz, Pfeffer und gehacktem Basilikum abschmecken und auf den Bandnudeln anrichten.

Gefüllte Paprikaschote

1 Paprikaschote
2 Zwiebeln
1 EL Petersilie
4 Tomaten
100 Gramm Beefsteakhack (Tatar)
1 EL Semmelbrösel
Salz
Pfeffer aus der Mühle
2 TL Öl
½ TL Instant-Brühe
4 TL Tomatenmark
½ TL getrockneter Oregano
6 EL gekochter Naturreis

1. Das Gemüse waschen. Den Deckel von der Paprikaschote abschneiden. Kerne und Rippen entfernen. Die Zwiebeln pellen, eine in Würfel, die andere in Streifen schneiden. Die Petersilie hacken. Die Tomaten waschen, eine entkernen und fein würfeln, die restlichen kleinschneiden.

2. Das Beefsteakhack mit Zwiebel- und Tomatenwürfeln, Petersilie und Semmelbröseln mischen, mit Salz und Pfeffer herzhaft abschmecken. Die Fleischmasse in die Paprikaschote füllen und den Deckel wieder daraufsetzen.

3. Öl und Zwiebelstreifen in eine hohe Schüssel geben und offen zwei Minuten mit 700 Watt glasig werden lassen. Die Paprikaschote in die Schüssel setzen, zwei Eßlöffel Wasser, Instant-Brühe und Tomatenstücke hinzugeben. Zudecken und zwölf Minuten mit 700 Watt garen. Die Schüssel zwischendurch zweimal drehen und die Sauce umrühren.

4. Die Paprikaschote auf einen Teller setzen. Die Sauce mit Tomatenmark, Oregano, Salz und Pfeffer würzen und zwei Minuten offen mit 700 Watt einkochen. Gleichzeitig den Reis erwärmen. Die Sauce neben die Paprikaschote gießen und den Reis danebenlegen.

Kartoffelsuppe mit Würstchen

3 Kartoffeln

2 Stangen Porree

1 Päckchen tiefgekühltes Suppengrün

1 ½ Tassen Brühe (Instant)

1 Zwiebel

1 kleine Bockwurst

1 TL Butter oder Margarine

Salz

Pfeffer

einige Tropfen Selleriewürze

2 TL Senf

1. Die Kartoffeln schälen und in kleine Würfel schneiden. Den Porree putzen, gründlich waschen und in Ringe schneiden. Kartoffeln und Porreeringe zusammen mit dem Suppengrün und der Brühe zugedeckt acht Minuten mit 700 Watt kochen. Zwischendurch mehrere Male umrühren.

2. In der Zwischenzeit die Zwiebel pellen und in Ringe, das Würstchen in Scheiben schneiden. Beides auf einen Teller legen, der auf die Schüssel mit dem Gemüse paßt, die Butter oder Magarine darauf verteilen, mit Salz und Pfeffer würzen.

3. Die Suppe in einem Mixer oder mit einem Schneidstab pürieren, zurück in die Schüssel füllen und mit Salz, Pfeffer und Selleriewürze abschmecken.

4. Die Suppe mit dem Würstchenteller abdecken und beides aufeinander zwei bis drei Minuten mit 700 Watt erhitzen.

5. Die Suppe in einen tiefen Teller füllen und die Würstchenscheiben und Zwiebelringe darauf verteilen. Einen Klecks Senf auf den Tellerrand setzen.

Grüne Bohnen in Sahne mit Salami

3 Kartoffeln

150 Gramm grüne Bohnen

½ Bund Bohnenkraut oder

½ TL getrocknetes Bohnenkraut

1 Minisalami (25 g)

1 TL Instant-Brühe

4 EL Sahne (30%)

Salz

Pfeffer

einige Tropfen Zitronensaft

1. Kartoffeln schälen und würfeln. Bohnen putzen und schnippeln. Bohnenkraut abzupfen und fein hacken. Die Folie von der Mini-Salami entfernen und in dünne Scheibchen schneiden.

2. Die Kartoffelwürfel mit einer halben Tasse Wasser und Instant-Brühe zugedeckt drei Minuten mit 700 Watt kochen.

3. Bohnen und Sahne zugeben, zudecken und neun Minuten mit

700 Watt weitergaren. Alle zwei Minuten umrühren.

4. Die letzten zwei Minuten das Bohnenkraut mitkochen. Zum Schluß die Salamischeibchen untermischen und mit Salz, Pfeffer und wenigen Tropfen Zitronensaft abschmecken.

Wirsingkohleintopf mit Lamm

1 doppeltes Lammkotelett	
150 Gramm Wirsing	
2 Kartoffeln	
1 Zwiebel	
1 TL Öl	
2 EL Weißwein	
2 EL Sahne (30%)	
1 EL Zitronensaft	
Salz	
Pfeffer	
1 TL Kümmel	

1. Die beiden Filets aus dem Lammmkotelett herauslösen und in Würfel schneiden. Vom Wirsing die Außenblätter entfernen, die dicken Rippen herausschneiden und die zarten Blätter grob hakken. Die Kartoffeln und die Zwiebel schälen und würfeln.
2. In einer Schüssel Öl, Fleisch und Zwiebelwürfel verteilen und offen zwei Minuten mit 700 Watt dünsten. Einmal zwischendurch umrühren.
3. Zwei Eßlöffel Wasser und die Kartoffelwürfel zugeben, zudekken und fünf Minuten mit 700 Watt garen. Zwischendurch einmal umrühren.
4. Weißwein, Sahne, Zitronensaft, Salz, Pfeffer, Kümmel und den Wirsing zugeben und alles gut mischen. Zugedeckt sieben Minu-

ten mit 700 Watt weitergaren und zwischendurch zweimal umrühren.

Tip: Das Einfachste ist, für diesen Eintopf ein Lammkotelett zu kaufen. Alle anderen Lammsorten sind in den kleinen Mengen nicht leicht zu bekommen. Das macht diesen Eintopf etwas teurer, aber er schmeckt!! Übrigens, den restlichen Wirsing können Sie in 150 Gramm-Portionen blanchieren und einfrieren.

Möhreneintopf mit Rindfleisch

250 Gramm Möhren

3 Kartoffeln

100 Gramm Rindfleisch (Keule)

½ Tasse Brühe (Instant)

Salz

Pfeffer aus der Mühle

2 Spritzer Süßstoff

1 EL gehackte Petersilie

2 TL Butter oder Margarine

1. Möhren und Kartoffeln putzen oder schälen und würfeln. Das Fleisch abspülen, trockentupfen und ebenfalls in Würfel schneiden.
2. Möhren und Kartoffeln zusammen mit der Brühe in eine Schüssel füllen und zugedeckt zehn Minuten mit 700 Watt garen. Zwischendurch häufiger umrühren.
3. Die Rindfleischwürfel zugeben und sechs Minuten zugedeckt mit 450 Watt garen. Zweimal zwischendurch umrühren.
4. Mit Salz, Pfeffer und Süßstoff abschmecken. Petersilie und Butterflöckchen darüberstreuen.

Hühnersuppe mit Gemüse und Reis

1 Hähnchenkeule
2 TL Instant-Hühnerbrühe
150 Gramm tiefgekühltes Suppengemüse
12 EL gekochter Naturreis
1 TL Sojasauce
Pfeffer
1 EL Petersilie

1. Die Hähnchenkeule in zwei Tassen Wasser mit der Instant-Hühnerbrühe zugedeckt sechs Minuten mit 700 Watt kochen. Zwischendurch die Hähnchenkeule einmal umdrehen.

2. Die Hähnchenkeule aus der Brühe nehmen. Die Haut entfernen. Das Hähnchenfleisch vom Knochen ablösen, kleinschneiden und zurück in die Brühe geben. Das Suppengemüse und den Reis zugeben (beides kann noch gefroren sein) und zugedeckt fünf Minuten mit 700 Watt erhitzen. Zwischendurch einige Male umrühren.

3. Mit Sojasauce und Pfeffer abschmecken und mit gehackter Petersilie bestreuen.

Tomatensuppe mit Fleischklößchen

1 kleine Dose geschälte Tomaten
2 Zwiebeln
2 Knoblauchzehen
50 Gramm Beefsteakhack (Tatar)
Salz, Pfeffer
Cayennepfeffer
2 EL gehackte Petersilie
1 El. Semmelbrösel
1 EL Mineralwasser
1 EL Öl
4 TL Tomatenmark
1 TL Instant-Brühe
1 TL getrockneter Oregano
3 Tropfen Süßstoff
6 EL gekochter Naturreis
1 EL gehacktes Basilikum + einige Blättchen
4 TL Crème fraîche

1. Tomaten pürieren, Zwiebeln und Knoblauch würfeln. Beefsteakhack mit je einer Zwiebel und Knoblauchzehe, Salz, Pfeffer, Cayennepfeffer, Petersilie, Semmelbröseln und Mineralwasser verkneten. Sechs Klößchen formen und auf den umgedrehten Deckel einer Auflaufform oder auf einen Teller legen.

2. Die zweite gewürfelte Zwiebel und Knoblauchzehe zusammen mit dem Eßlöffel Öl in die Schüssel geben, die zu dem Deckel paßt, und offen zwei Minuten mit 700 Watt rösten.

3. Die Tomaten zugießen, mit Tomatenmark und Instant-Brühe verrühren, den Deckel mit den Klößchen daraufsetzen. Drei Minuten mit 700 Watt erhitzen.

4. Die Klößchen wenden. Die Tomatensuppe mit Salz, Pfeffer, Oregano und Süßstoff würzen, den Reis zugeben, den Deckel mit den Klößchen wieder daraufsetzen und fünf Minuten mit 700 Watt weitergaren. Zwischendurch die Suppe durchrühren und die Klößchen einmal wenden.

5. Die Suppe mit Basilikum verrühren, in einen tiefen Teller gießen, die Klößchen darauflegen, einen Klecks Crème fraîche daraufsetzen und mit den Basilikumblättchen verzieren.

Süßsaurer Linseneintopf

75 Gramm getrocknete Linsen
1 Zwiebel
20 Gramm roher Schinken
1 Stückchen Speckschwarte
1 Kartoffel
1 TL Instant-Brühe
2 EL Weinessig
Salz
Pfeffer
Süßstoff

1. Die Linsen am Vorabend in einer knappen Tasse Wasser einweichen.

2. Die Zwiebel pellen und würfeln. Den rohen Schinken kleinschneiden. Von der Speckschwarte das Fett entfernen. Die Kartoffel schälen und in Stifte schneiden.

3. Schinken- und Zwiebelwürfel zusammen mit der Speckschwarte offen zwei Minuten mit 700 Watt rösten.

4. Die Linsen mit dem eventuell übriggebliebenen Einweichwasser und die Kartoffelstifte hinzugeben. Mit einer knappen halben Tasse Wasser und der Instant-Brühe auffüllen und alles zehn Minuten mit 450 Watt garen. Zwischendurch umrühren.

5. Die Speckschwarte herausnehmen. Die Linsen mit Weinessig, Salz, Pfeffer und Süßstoff kräftig süßsauer abschmecken.

Rosenkohl mit Kasseler

3 Kartoffeln
1 TL Mehl
1 TL Öl
½ TL Instant-Brühe
1 EL Sahne (30%)
2 EL Zitronensaft
1 Eigelb
50 Gramm Kasseler
150 Gramm tiefgekühlter Rosenkohl
Salz
Pfeffer

1. Kartoffeln schälen, würfeln, in eine Schüssel legen, sechs Eßlöffel Wasser zugießen und zudecken.

2. Mehl, Öl, zwei Eßlöffel Wasser, Instant-Brühe, Sahne, Zitronensaft und Eigelb verquirlen. Das Kasseler in Würfel schneiden. Beides beiseite stellen.

3. Die Kartoffeln zwei Minuten mit 700 Watt kochen, umrühren, die Rosenkohlröschen zugeben (sie können noch gefroren sein) und mit Salz und Pfeffer würzen. Zugedeckt sechs Minuten mit 700 Watt garen. Zwischendurch ab und zu umrühren.

4. Die Saucenmischung am Rand mit dem Gemüsewasser verrühren, die Kasselerwürfel zugeben und zugedeckt drei Minuten mit 450 Watt erhitzen. Mindestens je de Minute umrühren.

Crêpes Suzette

2 Eier (Handelsklasse 4)
2 EL Mehl
1 EL Sahne (30%)
2 EL Mineralwasser
1 Prise Salz
1 EL Zucker
2 TL Butter oder Margarine
1 EL Zitronensaft
3 EL Orangensaft
abgeriebene Orangenschale (ungespritzt)
2 TL Grand Marnier

1. Eier, Mehl, Sahne, Mineralwasser und Salz verquirlen. Den Teig mindestens 20 Minuten stehen lassen, damit das Mehl ausquellen kann.

2. Zucker in eine kleine, flache Schüssel streuen, eineinhalb Teelöffel Butter oder Margarine zugeben und solange offen mit 700 Watt erhitzen, bis braune Stellen entstanden sind – dann fängt der Zucker an zu karamelisieren. Den Zitronen- und Orangensaft, die Orangenschale und Grand Marnier zugeben, einmal kurz mit 700 Watt aufkochen und beiseite stellen.

3. Einen Frühstücksteller mit einer Messerspitze Butter oder Margarine auspinseln und zwei Eßlöffel von der Eimasse daraufgießen. Eineinhalb Minuten offen mit 450 Watt garen. So auch mit den anderen fünf Crêpes verfahren. Die Crêpes auf Küchenkrepp legen.

4. Die Crêpes auf eine Platte legen, die Orangen-Zitronen-Sauce darübergießen und noch einmal alles zusammen offen zwei Minuten mit 450 Watt erwärmen.

Topfenpalatschinken

2 TL Rosinen
2 Eier (Handelsklasse 4)
4 EL Magerquark
abgeriebene Zitronenschale (ungespritzt)
3 Spritzer Süßstoff
2 EL Mehl
2 EL Sahne (30%)
2 EL Mineralwasser
1 Prise Salz
1 MSP Butter oder Margarine
1 MSP Puderzucker

1. Die Rosinen in etwas Wasser einweichen und zwei Minuten mit 450 Watt erhitzen.

2. Eier trennen: jedes Eigelb in eine Schüssel fallen lassen und das Eiweiß steif schlagen.

3. Das eine Eigelb mit Quark, Zitronenschale, Süßstoff und Rosinen verrühren und die Hälfte des Eischnees unterheben. Das andere Eigelb mit Mehl, Sahne, Mineralwasser und Salz verrühren, 20 Minuten ausquellen lassen und den restlichen Eischnee unterziehen.
4. Einen Teller (Bodendurchmesser etwa 16 Zentimeter) mit Butter bepinseln und die Hälfte der Eimasse daraufgießen. Offen zweieinhalb Minuten mit 450 Watt garen. Den Palatschinken vorsichtig am Rand lösen und auf einen Teller legen. Den zweiten Palatschinken auf dieselbe Weise ausbacken.
5. Die beiden Palatschinken mit der Quarkmasse füllen, vorsichtig zusammenrollen und mit etwas Puderzucker bestreuen.

Heidelbeersuppe mit Quarkklößchen

150 Gramm tiefgekühlte Heidelbeeren
3 Spritzer Süßstoff
1 EL Zitronensaft
Zitronenschale (ungespritzt)
1 TL Weizenstärke
4 EL Magerquark
4 EL Mehl
1 Eigelb
Salz
1 Vanilleschote

1. Die Heidelbeeren in eine Schüssel füllen und drei Eßlöffel Wasser, Süßstoff, Zitronensaft und ein Stückchen Zitronenschale zugeben und zudecken. Das Stärkemehl mit kaltem Wasser verrühren.
2. Quark, Mehl, Eigelb, etwas Salz, Vanillemark und abgeriebene Zitronenschale zu einer cremigen Masse verrühren.
3. Eine Schüssel mit einem Liter leicht gesalzenem Wasser zum Kochen bringen. Mit zwei Teelöffeln kleine Klößchen aus der Quarkmasse abstechen und ins heiße Wasser geben. Die Klößchen zugedeckt drei Minuten mit 700 Watt erhitzen. Wenn sie oben schwimmen, sind sie gar. Die Schüssel beiseite stellen.
4. Die Schüssel mit den Heidelbeeren drei Minuten mit 700 Watt erhitzen. Das mit Wasser verrührte Stärkemehl hineinrühren und zugedeckt einmal aufkochen.
5. Die Heidelbeersuppe in einen tiefen Teller gießen. Die Quarkklößchen mit einer Schaumkelle aus dem Wasser heben und in die Suppe geben.

Pflaumenklöße mit Butter

3 gekochte Kartoffeln
3 EL Mehl
1 Eigelb
Salz
Pfeffer
3 Pflaumen
einige Tropfen Süßstoff
Zimt
2 TL Semmelbrösel
2 TL Butter oder Margarine

1. Die Kartoffeln pellen und raffeln. Mehl, Eigelb, Salz und Pfeffer dazugeben und alles mit einer Gabel zu einer geschmeidigen Masse verkneten. Die Kartoffelmasse in drei Teile teilen.
2. Die Pflaumen waschen und entsteinen. Jede mit drei Tropfen Süßstoff beträufeln und mit Zimt bestäuben.
3. Aus der Kartoffelmasse mit den Händen drei Fladen flachdrücken, jeweils eine Pflaume darauflegen und drei nahtlose Klöße formen.

60

Die Semmelbrösel auf eine Untertasse schütten.
4. Eine Schüssel mit Salzwasser
füllen – sie muß so groß sein, daß
die Klöße bequem darin schwimmen können – und zum Kochen
bringen. Die Klöße in das siedende
Wasser geben, zudecken und
zwei Minuten mit 700 Watt garen.
Danach fünf Minuten mit 150 Watt
weitergaren. In diesen fünf Minuten nach der Halbzeit die Klöße
einmal umsortieren. Schüssel herausnehmen und beiseite stellen.
5. Die Semmelbrösel eine Minute
mit 700 Watt erhitzen. Die Butter
dazugeben und eine Minute mit
700 Watt weitererhitzen.
6. Die Klöße mit einer Schaumkelle
aus dem Wasser nehmen, auf einen Teller legen und mit der Sem-
melbröselbutter übergießen.

61

Grießflammeri mit Sauerkirschen

1 Ei (Handelsklasse 4)
1 Prise Salz
2 EL Sahne (30%)
1 Stückchen Zitronenschale (ungespritzt)
3 Spritzer Süßstoff
1 Vanilleschote
5 EL Grieß
2 EL Sauerkirschen (Glas)
4 EL Sauerkirschsaft
½ TL Weizenstärke

1. Das Ei trennen. Das Eiweiß mit Salz steif schlagen.

2. Die Sahne zusammen mit einer Tasse Wasser und Zitronenschale zugedeckt zum Kochen bringen – das dauert etwa drei Minuten mit 700 Watt.

3. Süßstoff und Vanillemark zugeben und unter ständigem Rühren den Grieß hineinrieseln lassen. Zugedeckt drei Minuten mit 150 Watt quellen lassen.

4. Das Eigelb hineinrühren und den Eischnee unterheben. Den Grießbrei in eine mit kaltem Wasser ausgespülte Puddingform geben und zum Abkühlen in den Kühlschrank stellen.

5. Die Kirschen mit dem Saft zugedeckt zwei Minuten mit 700 Watt erhitzen. Das mit kaltem Wasser verrührte Stärkemehl hineinrühren und kurz aufkochen lassen. Die Sauce ebenfalls in den Kühlschrank stellen.

6. Den Grießflammeri auf einen Teller stürzen und mit der Kirschsauce überziehen.

Quarkauflauf

2 Eier (Handelsklasse 4)
4 Spritzer Süßstoff
4 EL Magerquark
1 EL Zitronensaft
abgeriebene Zitronenschale (ungespritzt)
1 Prise Salz
1 Vanilleschote
1 TL Öl
1 EL Semmelbrösel
150 Gramm Aprikosen oder anderes frisches Obst oder
4 EL Obst (Glas)

1. Die Eier trennen. Das Eiweiß mit einigen Tropfen Süßstoff cremig schlagen.

2. Quark mit Eigelb, Zitronensaft, Zitronenschale, Salz, Süßstoff und dem vorher ausgeschabten Vanillemark verrühren und den Eischnee unterheben.

3. Eine nicht zu flache Auflaufform mit Öl auspinseln und die Semmelbrösel hineinstreuen. Die entsteinten Aprikosen oder das gut abgetropfte Obst auf dem Boden verteilen. Die Quarkmasse darüberstreichen und offen vier Minuten mit 700 Watt erhitzen. Zwischendurch die Form einmal drehen.

Milchreis mit Apfelmus

1 großer Apfel

1 EL Zitronensaft

Zimt

einige Tropfen Süßstoff

5 EL Milchreis

3 EL Sahne (30%)

1 Prise Salz

2 Stückchen Zitronenschale (ungespritzt)

½ Vanilleschote

1 EL Zucker

Reispudding mit Himbeersauce

150 Gramm Aprikosen oder anderes Steinobst

4 EL Orangensaft

2 TL Maraschino

Süßstoff

2 TL gemahlene Gelatine

1. Den Apfel waschen, das Kerngehäuse herausschneiden oder ausstechen und den Apfel in Stükke schneiden. In eine kleine Schüssel legen, Zitronensaft, Zimt und Süßstoff zugeben und zugedeckt zwei Minuten mit 700 Watt garen. In einen hohen Becher füllen und mit dem Schneidstab pürieren. In den Kühlschrank stellen.
2. Reis, einen Eßlöffel Sahne, Salz, Zitronenschale, Vanille und eineinhalb Tassen Wasser in eine Schüssel geben, zudecken und vier Minuten mit 700 Watt erhitzen – also, einmal aufkochen. Dann zugedeckt zehn Minuten mit 150 Watt quellen lassen, zum Schluß offen fünf Minuten mit 150 Watt weiter erwärmen, bis die restliche Flüssigkeit verdampft ist.
3. Reis mit restlicher Sahne verrühren, mit Zucker und Zimt und Apfelmus anrichten.

5 EL Milchreis

2 EL Sahne (30%)

1 Prise Salz

2 Stückchen Zitronenschale (ungespritzt)

150 Gramm tiefgekühlte Himbeeren

1 TL Weizenstärke

1. Die Aprikosen waschen, klein-schneiden, in eine Schüssel legen und einen Eßlöffel Orangensaft, Maraschino und drei Spritzer Süß-stoff zugeben, offen zwei Minuten mit 700 Watt erhitzen.

2. In einer Tasse die Gelatine in drei Eßlöffel Wasser einweichen.

3. Reis mit einem Eßlöffel Sahne, Salz, Süßstoff, Zitronenschale und eineinhalb Tassen Wasser zuge-deckt vier Minuten mit 700 Watt aufkochen, dann zehn Minuten mit 150 Watt quellen lassen. Offen fünf Minuten mit 150 Watt weiter erwärmen, bis die restliche Flüs-sigkeit verdampft ist. Zwischen-durch zweimal umrühren.

4. Die Gelatine mit dem restlichen Orangensaft und Sahne verrühren und zusammen mit den Aprikosen unter den Reis mischen. Eine Pud-dingform mit kaltem Wasser aus-spülen und den Reispudding hin-einfüllen und im Kühlschrank er-starren lassen.

5. In der Zwischenzeit die Him-beeren mit zwei Eßlöffel Wasser und einigen Tropfen Süßstoff zwei Minuten offen mit 700 Watt erhit-zen. Durch ein Sieb passieren und den Saft mit der im kaltem Wasser verrührten Stärke binden, einmal mit 700 Watt aufkochen und ab-kühlen lassen.

6. Pudding auf einen Teller stür-zen, mit der Sauce übergießen.

65

Rezepte mit 200 Kalorien

Ein Beweis dafür, daß Sie ganze Menüs mit wenig Kalorien zaubern können. Alles, was Sie links sehen, hat zusammen nur 600 Kalorien: die Blumenkohlcremesuppe mit Speckwürfeln von Seite 88, als Hauptgericht der grüne Spargel mit Kräuterkrabben von Seite 73 und als Nachspeise die Birne mit heißer Schokoladensauce von Seite 100. Auf den folgenden Seiten finden sie lauter 200-Kalorien-Rezepte, mit denen Sie sich abwechslungsreiche, gesunde und schnelle Diätmenüs zusammenstellen können. Von Fleisch, Fisch, Geflügel bis hin zu Süßspeisen – für jeden Geschmack ist etwas dabei.

67

Hamburger

1 Toastbrötchen oder
1 Brötchen oder Roggenbrötchen
75 Gramm Beefsteakhack (Tatar)
Salz
Pfeffer
1 Salatblatt
einige Zwiebelringe
1 TL Tomatenketchup

1. Das Brötchen aufschneiden und toasten. Falls es nicht in den Toaster paßt, die Ober- und Unterseite etwas flacher schneiden, damit die beiden Hälften in den Toaster passen.

2. Das Beefsteakhack mit Salz und Pfeffer würzen und gründlich verkneten. Auf einem kleinen Teller mit einer Gabel eine flache Frikadelle formen und offen auf jeder Seite eine Minute mit 450 Watt garen.

3. Die Unterseite des Brötchens mit Salatblatt, Frikadelle und Zwiebelringen belegen und einen Klecks Ketchup daraufsetzen. Das Brötchen zusammenklappen.

Würstchen mit Kartoffelsalat

1 Stück Gurke (50 g)
1 gekochte Kartoffel
½ Zwiebel
2 EL Weinessig
1 TL Öl
Salz
Pfeffer
3 Spritzer Süßstoff
1 EL Schnittlauchröllchen
1 Paar kleine Würstchen (50 g)
einige Salatblätter
1 Klecks Senf

1. Gurke und Kartoffel schälen und in dünne Scheiben schneiden. Die Zwiebel fein würfeln.

2. Zwiebelwürfel, Essig, Öl, Salz, Pfeffer und Süßstoff verrühren und zugedeckt zwei Minuten mit 450 Watt erhitzen. Die Kartoffel- und Gurkenscheiben und auch die Schnittlauchröllchen zugeben, einmal vorsichtig umrühren, zu-decken und drei Minuten mit 150 Watt durchziehen lassen.

3. Eine Schüssel mit einer Tasse Wasser zum Sieden bringen. Die Würstchen hineinlegen und drei Minuten mit 150 Watt erwärmen.

4. Die Salatblätter auf einen Teller legen. Den Kartoffelsalat, die Würstchen und ein Klecks Senf daneben anrichten.

Tip: Würstchen sind ziemlich kalorienreich, die großen haben im Schnitt fast 300. Also nehmen sie die kleinsten, die Sie kriegen können, die wiegen nur 25 Gramm pro Stück und haben nur 75 Kalorien. Kartoffelsalat mit Essig und Öl ist gesünder als mit Mayonnaise. Mayonnaise ist außerdem eine Kalorienbombe – ein Eßlöffel schlägt mit 150 Kalorien zu Buche.

Ragout mit Kartoffelpüree

50 Gramm Schweinefilet
100 Gramm Gewürz-, Senf- und Honiggurken
1 TL Mehl
1 EL Sahne (30%)
½ TL Instant-Brühe
Salz
Pfeffer
3 Spritzer Süßstoff
1 EL gehackter Dill
3 EL Instant-Kartoffelpüreeflocken

1. Das Schweinefilet würfeln und in eine Schüssel legen. Die Gurken ebenfalls würfeln und beiseite stellen. In einer Tasse Mehl mit einem Eßlöffel Wasser glattrühren, mit Sahne und vier Eßlöffel Wasser auffüllen und mit Instant-Brühe, Salz, Pfeffer und Süßstoff würzen. In eine kleine Schüssel eine knappe Tasse Wasser (für das Kartoffelpüree) füllen und zudecken.

2. Das Fleisch zwei Minuten offen mit 700 Watt garen. Zwischendurch einmal umrühren. Die Sahne-Mischung hineinrühren. Das Wasser für das Kartoffelpüree nach hinten stellen und das Fleisch mit der Sahnesauce nach vorn und beides zugedeckt vier Minuten mit 700 Watt erhitzen. Nach zwei Minuten das Ragout gründlich umrühren und die Gurkenwürfel zugeben.

3. Das Ragout mit Dill mischen. Die Instant-Kartoffelpüreeflocken in das heiße Wasser rühren und zusammen mit dem Ragout auf einem Teller anrichten.

Tip: Das ist ein schnelles Gericht, das man mit Bordmitteln in wenigen Minuten auf den Tisch bekommt. Ihr Fleischer wird nicht begeistert sein, Ihnen dieses Ministück Fleisch abzuschneiden. Also, wenn Sie Schweinefilet oder ein anderes mageres Fleisch kaufen, dürfen es ruhig 50 Gramm mehr sein – die frieren Sie ein für dieses Ragout.

Gekochtes Rindfleisch mit Bouillonkartoffeln

2 Kartoffeln
1 Päckchen tiefgekühltes Suppengrün
2 MSP Instant-Brühe
100 Gramm Rindfleisch (Keule)
Salz
Pfeffer

1. Die Kartoffeln schälen, würfeln und in eine Schüssel legen. Das Suppengrün und die Instant-Brühe zugeben und drei Eßlöffel Wasser zugießen. Kartoffeln und Gemüse zugedeckt zwei Minuten mit 700 Watt garen.

2. Das Fleisch in die Mitte legen und sechs Minuten zugedeckt mit 450 Watt garen. Zwischendurch zweimal umdrehen. Anschließend das Fleisch in den Bouillonkartoffeln noch fünf Minuten ruhen lassen.

3. Das Fleisch herausnehmen, in dünne Scheiben schneiden und auf einen Teller legen. Mit Salz und Pfeffer würzen. Die Bouillonkartoffeln daneben anrichten.

Kartoffeln mit Kaviar und Kresse

2 große Kartoffeln
2 EL Magerquark
1 EL Sahne (30%)
1 EL Mineralwasser
1 Päckchen Kresse
1 kleines Döschen deutscher Kaviar

1. Die Kartoffeln gründlich waschen, trockentupfen, mehrfach einstechen und einzeln in Mikrofolie wickeln. Sechs bis acht Minuten mit 700 Watt garen. Zwischendurch die Kartoffeln einmal umle-gen. Bevor Sie sie herausnehmen, sollten Sie einmal draufdrücken und prüfen, ob sie weich sind.

2. Quark, Sahne und Mineralwasser verrühren und etwas feingehackte Kresse untermischen.

3. Die Kartoffeln auswickeln, längs aufschneiden und etwas auseinanderdrücken. Mit dem Kressequark füllen. Den Kaviar darauf häufen und die restliche Kresse daneben anrichten.

Grüner Spargel mit Kräuterkrabben

3 Kartoffeln
Salz
250 Gramm grüner Spargel
einige Tropfen Süßstoff
50 Gramm Nordseekrabben
2 TL Zitronensaft
2 TL Schnittlauch
2 TL frischer Estragon
½ Schalotte
Pfeffer
1 TL Öl
1 EL Weinessig
1 EL Weißwein

1. Die Kartoffeln schälen, in eine Schüssel legen, eine halbe Tasse Wasser und etwas Salz zugeben und zudecken.

2. Die Enden vom grünen Spargel sorgfältig schälen. Die Spargelstangen waschen und in eine passende längliche Form legen. Eine halbe Tasse Wasser, etwas Salz und Süßstoff zugeben und zudecken.

3. Spargel und Kartoffeln zusammen sechs Minuten mit 700 Watt garen. Zwischendurch beides einmal umschichten, damit die einzelnen Stangen und die Kartoffeln gleichmäßig gar werden.

4. Die Krabben mit Zitronensaft beträufeln. Schnittlauch und Estragon waschen. Den Schnittlauch in feine Röllchen schneiden, den Estragon hacken. Die Schalotte pellen und fein würfeln. Krabben, Schnittlauchröllchen, Estragon, Schalottenwürfel, Salz und Pfeffer gut mischen.

5. Öl, Weinessig, Weißwein, Salz, Pfeffer und zwei Tropfen Süßstoff in einer Tasse verrühren und die letzten beiden Minuten zu dem Spargel in das Mikrowellengerät stellen.

6. Den Spargel gut abtropfen lassen und auf einen Teller legen. Mit der Sauce übergießen und die Krabben und Kartoffeln daneben anrichten.

Schlemmerfilet

1 Kartoffel

Salz

1 Frühlingszwiebel

1 Knoblauchzehe

2 EL Petersilie

1 TL Öl

1 TL Senf

Pfeffer

2 TL Semmelbrösel

2 Tomaten

100 Gramm Seelachsfilet

1. Die Kartoffel schälen, vierteln, in eine kleine Schüssel legen, drei Eßlöffel Wasser und etwas Salz zugeben und zudecken.

2. Das weiße Ende der Frühlingszwiebel, Knoblauchzehe und Petersilie fein hacken oder im Blitzhacker zerkleinern. Mit Öl, Senf, Salz, Pfeffer und Semmelbröseln zu einer Paste vermengen.

3. Die Tomaten in Spalten schneiden und in einer Auflaufform verteilen. Das Grün der Frühlings-

zwiebel in feine Streifen schneiden und auf die Tomatenspalten legen.
4. Das Fischfilet waschen, trockentupfen und in die Mitte legen. Alles mit Salz und Pfeffer würzen. Die Paste auf dem Fisch verteilen.
5. Die Kartoffeln fünf Minuten mit 700 Watt garen. Nach zwei Minuten den Fisch offen dazustellen. Beides zwischendurch einmal umstellen, Kartoffeln dabei umrühren.
6. Die Kartoffeln abgießen und zu dem Fisch legen.

Pfannfisch

2 gekochte Kartoffeln

75 Gramm Kabeljaufilet

1 TL Zitronensaft

1 Frühlingszwiebel

Salz und Pfeffer

1 EL Essig

2 TL Senf

4 TL Crème fraîche

1. Die Kartoffeln pellen, in Stücke schneiden. Den Fisch ebenfalls in Stücke schneiden und mit Zitronensaft beträufeln. Die Frühlingszwiebel in feine Ringe schneiden. Ein paar dunkelgrüne Ringe zurückbehalten.
2. Kartoffeln, Fisch und Frühlingszwiebeln mit Salz und Pfeffer würzen, mischen und in eine Porzellanpfanne füllen. Essig und einen Eßlöffel Wasser zugeben.
3. In einer Tasse Senf, Crème fraîche, Salz und Pfeffer verrühren. Die Pfanne und die Tasse zusammen drei Minuten offen mit 450 Watt erhitzen. Die Sauce zwischendurch einmal umrühren.
4. Die grünen Zwiebelringe auf dem Fisch verteilen und die Senfsauce darübergießen.

Tip: Für dieses Gericht nehmen Sie am besten tiefgekühltes Kabeljaufilet. Tauen Sie es fünf Minuten mit 80 Watt auf.

75

Putenleber in Weißweinsauce mit Chicorée

1 Staude Chicorée
einige Tropfen Zitronensaft
Salz
Pfeffer
1 geputzte Putenleber (75 g)
1 Frühlingszwiebel oder 1 Zwiebel
1 TL Öl
2 EL Weißwein
2 Scheiben Baguette oder ½ Brötchen

1. Die Blattspitzen vom Chicorée abschneiden, das untere Ende keilförmig herausschneiden und den Rest der Staude in längliche Streifen schneiden. Alles mit etwas Zitronensaft, Salz und Pfeffer würzen.

2. Die Putenleber und die Frühlingszwiebel in hauchdünne Scheiben schneiden und in eine flache Schüssel legen. Mit Salz und Pfeffer würzen, Öl und Weißwein zugießen. Offen sechs Minuten mit 450 Watt schmoren und jede Minute wenden.

3. Die Putenleber auf einem Teller anrichten und den Chicoréesalat danebenlegen. Dazu gibt es Baguette.

Hähnchenbrust in Zitronensauce

1 Zucchini
2 EL Zitronensaft
1 MSP Butter oder Margarine
Salz
1 Hähnchenbrustfilet
1 TL Instant-Brühe
1 Eigelb
Pfeffer
1 TL gehackte Zitronenmelisse oder
½ TL getrockneter Estragon

1. Die Zucchini gründlich waschen, in dicke Stifte schneiden und in eine Schüssel legen. Einen

Eßlöffel Zitronensaft, Butter oder Margarine und etwas Salz dazugeben und zudecken.

2. Das Hähnchenbrustfilet abspülen und ebenfalls in eine Schüssel legen. Drei Eßlöffel Wasser und einen halben Teelöffel Instant-Hühnerbrühe zugeben und zudecken.

3. Eigelb in einer kleinen Schüssel mit einem Eßlöffel Zitronensaft, drei Eßlöffel Wasser, einem halben Teelöffel Instant-Hühnerbrühe und Pfeffer schaumig schlagen.

4. Zucchini und Hähnchenbrustfilet zusammen vier Minuten mit 700 Watt erhitzen. Zwischendurch die Zucchini umrühren und das Hähnchenbrustfilet wenden. Beide Schüsseln für einige Minuten zugedeckt beiseite stellen.

5. Die Eimasse drei Minuten offen mit 450 Watt erhitzen. Jeweils nach 30 Sekunden mit dem Schneebesen gut durchquirlen. Zum Schluß herausnehmen, Kräuter zugeben und weiterrühren, bis die Sauce etwas abgekühlt ist.

6. Die Zucchini noch einmal in der Zitronenbutter wenden und auf einen Teller legen. Das Hähnchenbrustfilet aus der Brühe nehmen und danebenlegen. Mit der Zitronensauce übergießen.

Putengeschnetzeltes in Senf-Sahne-Sauce

100 Gramm Putenschnitzel
1 Kartoffel
1 kleine Möhre
Salz
½ TL Instant-Hühnerbrühe
1 EL Sahne (30%)
2 TL Senf
1 MSP Butter oder Margarine
1 TL gehackte Petersilie

1. Das Putenschnitzel schnetzeln. Kartoffel und Möhre schälen und in dicke Stifte schneiden.

2. Das Gemüse in eine Schüssel legen, drei Eßlöffel Wasser und Salz zugeben und zudecken.

3. Geschnetzeltes in eine Schüssel legen. Zwei Eßlöffel Wasser, Instant-Brühe, Sahne und Senf hineinrühren und zudecken.

4. Das Gemüse sechs Minuten mit 700 Watt garen. Nach zwei Minuten das Putengeschnetzelte dazustellen. Zwischendurch beides einmal umrühren.

5. Das Gemüse abgießen. Butter und Petersilie zugeben. Das Gemüse darin schwenken und auf einen Teller legen. Das Geschnetzelte noch einmal gut umrühren und daneben anrichten.

Tip: Dieses Gericht ist in sechs Minuten fertig. Man kann es mit

der gleichen Menge Hühnerfleisch oder einem sehr mageren Rind-, Kalb- oder Schweinefleisch zubereiten.

Geflügelsalat

1 Hähnchenbrustfilet
½ TL Instant-Hühnerbrühe
1 Mandarine oder 1/4 Orange
1 Staude Chicorée
Salz, Pfeffer
4 TL Crème fraîche
1 EL Zitronensaft
½ TL Curry
3 Spritzer Süßstoff

1. Die Hähnchenbrust in eine Schüssel legen, drei Eßlöffel Wasser und Instant-Hühnerbrühe zugeben und zudecken. Drei Minuten mit 450 Watt kochen.
2. Mandarine schälen und kleinschneiden. Vom Chicorée das untere Ende keilförmig herausschneiden und den Chicorée in Streifen, die Hähnchenbrust in Stücke schneiden. Alles miteinander mischen und mit Salz und Pfeffer würzen.
3. In einer Tasse Crème fraîche, Zitronensaft, Curry, Salz, Pfeffer und Süßstoff verrühren und über den Salat gießen. Vorsichtig mischen und eine Weile durchziehen lassen.

79

Linsensalat mit Birnen und Nüssen

50 Gramm getrocknete Linsen

1 Staude Chicorée

½ kleine Birne

1 TL gehackte Walnüsse

Salz

Pfeffer aus der Mühle

1 EL Zitronensaft

Süßstoff

1. Die Linsen am Vorabend in einer halben Tasse Wasser einweichen.

2. Die Linsen mit drei Eßlöffel Wasser zugedeckt acht Minuten mit 450 Watt garen. Zwischendurch mehrmals umrühren.

3. Das untere Ende der Chicorée-staude keilförmig herausschneiden. Einige schöne Blätter auf einen Teller legen, den Rest in Ringe schneiden. Das Kerngehäuse von der Birne herausschneiden, die Birne schälen und in Würfel schneiden.

4. Birnenstückchen, Chicorée-streifen und Walnüsse zu den noch warmen Linsen geben und mit Salz, Pfeffer, Zitronensaft und Süßstoff abschmecken. Die Linsen auf den Chicoréeblättern anrichten.

Maiskolben
mit Butterflöckchen

Salz

zwei Spritzer Süßstoff

2 Maiskolben

2 TL Butter oder Margarine

1 Dillzweig (wenn Sie haben)

1. In eine längliche Schüssel eine Tasse Wasser mit etwas Salz und Süßstoff gießen. Die beiden Maiskolben hineinlegen und 15 bis 20 Minuten mit 700 Watt kochen. Zwischendurch die Maiskolben wenden und mit einer Gabel prüfen, ob sie gar sind.

2. Die Maiskolben herausnehmen, abtropfen lassen und auf einen Teller legen. In die Enden zwei Zahnstocher pieken, damit man sie besser anfassen kann. Mit Salz und Butterflöckchen anrichten und mit einem Dillzweig verzieren.

Tip: Der Dill muß nicht nur Dekoration sein. Feingehackt und über die Maiskolben gestreut gibt er ihnen einen milden Kräutergeschmack.

Spinatcreme mit pochiertem Ei

2 Kartoffeln

Salz

1 kleines Päckchen tiefgekühlter Spinat (150 g)

1 EL Zitronensaft

Muskat

3 TL Crème fraîche

1 Ei (Handelsklasse 4)

1 Schuß Essig

1. Die Kartoffeln schälen, in Stükke schneiden und in eine Schüssel legen. Eine halbe Tasse Wasser zugießen, mit Salz würzen und zudecken. Den aufgetauten Spinat mit Zitronensaft, Salz, Muskat und Crème fraîche verrühren und zudecken. Das Ei über einer Tasse aufschlagen und hineingleiten lassen. Ein Glasschälchen mit einer Tasse Wasser füllen und mit einem Schuß Essig und einem halben Teelöffel Salz verrühren.

2. Die Kartoffeln vier Minuten mit 700 Watt garen und danach den Spinat dazustellen. Beides vier Minuten mit 450 Watt erhitzen. Den Spinat zwischendurch einmal umrühren. Beide Schüsseln herausnehmen und beiseite stellen.

3. Das Essigwasser offen mit 700 Watt zum heftigen Kochen bringen. Das dauert drei bis vier Minuten. Das Gerät nicht öffnen, aber bereits eine Minute und 450 Watt

eingeben. Jetzt die Tür öffnen und das Ei in das sprudelnde Essigwasser gleiten lassen, die Glasschüssel dabei nicht aus dem Mikrowellengerät nehmen. Tür sofort wieder schließen und auf Start drücken.

4. Das Ei mit einer Schaumkelle aus dem Wasser heben und auf einen Teller legen. Den Spinat und die abgegossenen Kartoffeln daneben anrichten.

Tomaten
mit Mozzarella

4 Tomaten

1/3 Kugel Mozzarella (50 g)

Salz

Pfeffer

1 EL Weinessig

1 TL Öl

½ Bund Basilikum

1 Scheibe Baguette

1. Tomaten und Mozzarella in dünne Scheiben schneiden und dachziegelartig auf einen Teller oder in eine Porzellanpfanne schichten.

2. Alles mit Salz und Pfeffer würzen und mit Weinessig und Öl beträufeln. Offen vier Minuten mit 450 Watt erhitzen.

3. Mit Basilikumblättchen belegen. Dazu gibt es Baguette.

Dillgurken mit Salzkartoffeln

2 Kartoffeln

Salz

1 Stück Salatgurke (150 g)

3 Scheiben Frühstücksspeck oder

1 kleine Scheibe roher Schinken oder

1 Stückchen durchwachsener Speck

1 TL Mehl

_1 TL Öl_

1 EL Zitronensaft

1 Spritzer Süßstoff

Pfeffer

2 TL Honig

1 EL Sahne (30%)

1 EL gehackter Dill

1. Die Kartoffeln schälen und in dicke Scheiben schneiden. Mit drei Eßlöffel Wasser und etwas Salz in eine Schüssel tun und zudecken.

2. Die Gurke schälen, halbieren und mit einem Löffel die Kerne entfernen. Die Gurkenhälften noch einmal längs durchschneiden und dann in einen Zentimeter breite Stücke teilen.

3. Den Frühstücksspeck würfeln und auf einem Teller zwischen Küchenkrepp drei Minuten mit 700 Watt rösten. Die Speckwürfel zu den Gurkenstücken geben. In

einer Tasse Mehl, Öl, Zitronensaft, etwas Salz, Süßstoff, Pfeffer, Honig, drei Eßlöffel Wasser und Sahne mischen, zugeben und zudecken.

4. Kartoffeln und Gurkengemüse sechs Minuten mit 700 Watt garen. Zwischendurch zweimal umrühren.

5. Die Kartoffeln abgießen und auf einen Teller legen. Das Gurkengemüse mit dem gehackten Dill mischen und neben den Kartoffeln anrichten.

Tip: Wenn gerade Schmorgur-

kenzeit ist, können Sie auch eine kleine Schmorgurke nehmen, sie ist etwas aromatischer.

Grüne-Bohnen-Eintopf mit Corned beef

2 Kartoffeln

150 Gramm grüne Bohnen

50 Gramm deutsches Corned beef

½ TL Instant-Brühe

Pfeffer

½ TL getrockneter Majoran

Salz

1. Kartoffeln schälen und würfeln. Die Bohnen putzen und in zwei Zentimeter lange Stücke schneiden. Das Corned beef kleinschneiden.

2. Kartoffeln und Bohnen in eine Schüssel geben, eine halbe Tasse Wasser zugießen und mit Instant-Brühe, Pfeffer und Majoran würzen. Die Schüssel zudecken und zehn Minuten mit 700 Watt garen. Zwischendurch mehrere Male umrühren.

3. Die letzten zwei Minuten das Corned beef mitkochen. Mit Salz, Pfeffer und Majoran abschmecken und auf einem Teller anrichten.

Erbsensuppe

1 Kartoffel	
150 Gramm tiefgekühlte Erbsen	
1 TL Instant-Brühe	
Pfeffer	
1 TL getrockneter Majoran	
1 Zwiebel	
1 MSP Butter oder Margarine	
2 TL Crème fraîche	
Salz	

1. Die Kartoffel schälen und würfeln. Zusammen mit den Erbsen (einen Eßlöffel zurückbehalten) in eine Schüssel geben. Eineinhalb Tassen Wasser zugießen und mit Instant-Brühe, Pfeffer und Majoran würzen. Suppe zudecken und acht Minuten mit 700 Watt kochen. Zwischendurch einmal umrühren.

2. Die Zwiebel pellen und in dünne Ringe schneiden. Auf eine Untertasse legen, Butter und etwas Pfeffer zugeben und nach fünf Minuten dazustellen.

3. Die Suppe einmal kurz mit dem elektrischen Schneidstab durchrühren. Crème fraîche und die zurückbehaltenen Erbsen hineinrühren. Abschmecken und eventuell mit Salz und den anderen Gewürzen etwas nachwürzen.

4. Die Suppe in einer Suppenschale anrichten und die Zwiebelringe obenauf legen.

Zwiebelsuppe

1 TL Mehl
1 TL Öl
2 Zwiebeln
½ Tasse Weißwein
½ TL Instant-Brühe
Pfeffer
2 Scheiben Meterbrot
2 EL geriebener Käse (45%)

1. In einer Schüssel Mehl mit Öl verrühren. Die Zwiebeln pellen, halbieren, in dünne Streifen schneiden und hinzugeben. Mit je einer halben Tasse Wasser und Weißwein auffüllen. Mit Instant-Brühe und Pfeffer würzen. Zugedeckt fünf Minuten mit 700 Watt garen. Zwischendurch einmal umrühren.

2. Das Meterbrot toasten oder auf einem Teller dazustellen. Die Suppe und das Brot drei Minuten mit 700 Watt weitergaren. Das Brot in der Halbzeit wenden.

3. Die Suppe in eine Suppenschale füllen, die Brotscheiben darauflegen, mit dem geriebenen Käse bestreuen und ihn offen eine Minute mit 700 Watt schmelzen lassen.

Tip: Die Suppe sieht schöner aus, wenn Sie das Brot im Toaster bräunen. Im Mikrowellengerät wird es zwar knusprig, bleibt aber blaß.

Kartoffelcremesuppe mit Krabben

3 Kartoffeln
1 Stange Porree
1 reichliche Tasse Brühe (Instant)
Salz
Pfeffer aus der Mühle
1 EL gehackter Dill
50 Gramm Nordseekrabben
2 TL Crème fraîche

1. Kartoffeln schälen, Porree putzen und waschen, beides kleinschneiden und in der Brühe zugedeckt acht Minuten mit 700 Watt kochen.

2. Die Suppe in einen Becher füllen und mit dem Schneidstab zerkleinern. Mit Salz, Pfeffer und Dill abschmecken. Die Krabben untermischen. Einige für die Dekoration zurückbehalten.

3. Die Suppe in einer Suppenschale anrichten. Mit einem Klecks Crème fraîche, einigen Krabben und – wenn Sie haben – mit einem Dillzweig verzieren.

Tip: Falls die Suppe durch das Pürieren abgekühlt sein sollte, können Sie sie mit den Gewürzen und den Krabben zugedeckt noch einmal zwei Minuten mit 700 Watt erhitzen. Die Crème fraîche in jedem Fall erst kurz vor dem Servieren zugeben.

Blumenkohlcremesuppe mit Speckwürfeln

½ kleiner Blumenkohl (150 g)
1 TL Instant-Brühe
3 kleine Scheiben Frühstücksspeck
1 TL Mehl
1 TL Öl
1 EL Sahne (30%)
1 EL Zitronensaft
1 Eigelb
Salz
Pfeffer
Muskat

1. Die Blumenkohlröschen vom Strunk schneiden, zerpflücken, waschen und zusammen mit einer Tasse Wasser und der Instant-Brühe in eine Schüssel geben.

2. Den Frühstücksspeck in Streifen schneiden und zwischen zwei Blatt Küchenkrepp auf einen Teller legen. In einer Schüssel Mehl mit Öl gründlich verrühren und mit Sahne, Zitronensaft, Eigelb, Salz, Pfeffer und Muskat verquirlen.

3. Den Blumenkohl zugedeckt sechs Minuten mit 700 Watt ko-chen. Drei Eßlöffel von der Gemüsebrühe in die Eimasse rühren und dann alles zum Blumenkohl gießen. Die Suppe eine Minute offen mit 450 Watt erhitzen, aber nicht kochen lassen und für zwei Minuten beiseite stellen.

4. Die Speckwürfel im Küchenkrepp zwei Minuten mit 700 Watt knusprig braten. Die Suppe noch einmal abschmecken, in eine Suppenschale gießen und die gerösteten Speckwürfel darauf verteilen.

Leberknödelsuppe

100 Gramm Leber (Kalb, Schwein oder Rind)

2 EL Semmelbrösel

2 EL gehackte Petersilie

Salz

Pfeffer

1 knapper TL Instant-Brühe

1 EL Schnittlauchröllchen

1. Die gesäuberte Leber im Blitzhacker zerkleinern. Mit Semmelbröseln, Petersilie, Salz und Pfeffer mischen.

2. Eine Tasse Wasser mit Instant-Brühe verrühren und zugedeckt vier Minuten mit 700 Watt zum Kochen bringen.

3. Aus der Lebermasse drei Klöße

formen und zugedeckt drei Minuten mit 450 Watt in der Brühe ziehen lassen. Zwischendurch einmal umschichten.

4. Die Leberklöße in einer Suppentasse anrichten, die heiße Brühe darübergießen und alles mit den Schnittlauchröllchen bestreuen.

Geflügelcremesuppe

1 Kohlrabi

1 TL Instant-Hühnerbrühe

1 Hähnchenbrustfilet oder

100 Gramm Putenschnitzel

1 EL Zitronensaft

2 EL Sahne (30%)

Salz

Pfeffer

1. Den Kohlrabi schälen und würfeln, das Grün hacken und beiseite stellen. Die Kohlrabiwürfel in eine Schüssel legen, eine reichliche Tasse Wasser und Instant-Hühnerbrühe zugeben, zudecken und acht Minuten mit 700 Watt weich kochen.

2. Das Geflügelfleisch in der Zwischenzeit fein schnetzeln.

3. Die Kohlrabisuppe in einen Mixbecher füllen und mit dem elektrischen Schneidstab sehr fein pürieren. Dann durch ein nicht zu engmaschiges Sieb zurück in die Schüssel passieren. Die Suppe mit Zitronensaft, Sahne, Salz und Pfeffer verrühren und das Geschnetzelte hineingeben.

4. Zudecken und drei Minuten mit 700 Watt erhitzen. Einmal umrühren und die Fleischstückchen voneinander trennen.

5. Die Suppe in einer Suppenschale anrichten und mit dem Kohlrabigrün bestreuen.

Camembertbrötchen

1 Roggenbrötchen
1 TL Butter oder Margarine
1/4 von einem runden Camembert (30%, 30 g)
Pfeffer
1 Stückchen Frühlingszwiebel oder
einige Zwiebelringe

1. Das Brötchen halbieren und die Unterhälfte mit Butter oder Margarine bestreichen. Den Camembert quer aufschneiden und die beiden Viertel mit der Innenseite nach oben auf das Brötchen legen.
2. Den Camembert mit Pfeffer würzen und die in Ringe geschnittene Frühlingszwiebel darauf verteilen. Nur die belegte Unterseite offen eine Minute mit 450 Watt erhitzen. Manchmal reichen auch 30 Sekunden, damit Ihnen der Camembert nicht vom Brötchen fließt.
3. Die Oberseite auf die Unterhälfte legen – das Brötchen also zuklappen. Vorsicht! Heiß!

Baguette mit Käse

¼ frisches Baguette
½ Tomate
getrockneter Thymian
Salz
Pfeffer
1 EL geriebener Käse (45%)

1. Das Baguette aufschneiden und die Unterseite mit dünnen Tomatenscheiben belegen. Sie können auch die Scheiben von einer ganzen Tomate nehmen – nur die rutschen Ihnen herunter. Mit Thymian, Salz und Pfeffer würzen, auf einen Teller legen und mit Käse bestreuen.
2. Nur diese Unterhälfte eine Minute offen mit 450 Watt erhitzen, damit die Tomatenscheiben heiß werden und der Käse schmilzt. Dann die Oberhälfte daraufsetzen. Vorsicht! Das Baguette faßt sich nicht besonders warm an, aber der Inhalt ist anfangs sehr heiß.

Tip: Wenn überraschend Besuch kommt, sind das Snacks, die Sie ganz schnell zubereiten können. Ein Baguette, zwei Tomaten und vier Eßlöffel Käse – das reicht für vier Gäste. Übrigens, das Baguette und auch das Camembertbrötchen müssen frisch oder aufgebacken sein. Wenn Sie versuchen, in dem Mikrowellengerät Brot mit Belag knusprig zu bekommen, wird es pappig.

Toast mit Rührei und Krabben

1 Ei (Handelsklasse 4)

Salz

Pfeffer

1 EL Mineralwasser

50 Gramm Nordseekrabben

einige Tropfen Zitronensaft

1 Scheibe Weizenvollkorntoast

1 EL Schnittlauch

1. Ei mit Salz, Pfeffer und einem Eßlöffel Mineralwasser verquirlen. Die Krabben mit Zitronensaft beträufeln.
2. Die Eimasse auf einen Teller gießen und offen drei Minuten mit 450 Watt garen. Nach einer Minute die Eimasse etwas umrühren. Nach einer weiteren Minute die Krabben (einen Eßlöffel zurückbehalten) mit der Eimasse mischen.
3. Das Brot toasten, das Krabbenrührei darauf verteilen und mit den restlichen Krabben und Schnittlauchröllchen bestreuen.

Toast mit Pfifferlingen

100 Gramm Pfifferlinge oder

Champignons oder Austernpilze

3 Scheiben Lachsschinken

Salz

4 TL Crème fraîche

1 EL Petersilie

Pfeffer

1 Scheibe Weizenvollkorntoast

1. Pilze putzen und waschen. Den Lachsschinken zwischen zwei Blatt Küchenkrepp legen.
2. Die Pfifferlinge mit zwei Eßlöffel Wasser und etwas Salz zugedeckt zwei Minuten mit 700 Watt garen. Crème fraîche, die Hälfte der Petersilie und Pfeffer zugeben und offen eine Minute mit 700 Watt erhitzen. Den Lachsschinken im Küchenkrepp dazulegen.
3. Das Brot toasten. Den Lachsschinken und die Pfifferlinge darauf verteilen und mit der restlichen Petersilie bestreuen.

Kümmelkräcker

1 Stück Meterbrot (50 g) oder
1 Brötchen oder Roggenbrötchen
2 EL geriebener Käse (45%)
1 TL Crème fraîche
Salz
½ TL Kümmel

1. Das Brot oder das Brötchen in sechs Scheiben schneiden und zwei Minuten mit 700 Watt austrocknen lassen.
2. Käse mit Crème fraîche, wenig Salz und Kümmel verrühren und auf den Brotscheiben verteilen.
3. Die Brotscheiben offen zwei Minuten mit 700 Watt überbakken. Sie schmecken warm und kalt.

Quarkkräcker

1 Stück Meterbrot (50 g) oder
1 Brötchen oder Roggenbrötchen
1 EL Magerquark
2 TL Crème fraîche
½ TL Instant-Brühe
3 Spritzer Worcestershiresauce

1. Das Brot in sechs Scheiben schneiden und zwei Minuten mit 700 Watt austrocknen lassen.
2. Quark mit Crème fraîche und Instant-Brühe verrühren und kräftig mit Worcestershiresauce würzen. Die Masse auf die Brote streichen.
3. Die kleinen Brote offen zwei Minuten mit 700 Watt erhitzen. Sie sollten kalt gegessen werden.

Tip: Wenn Sie Kräcker in größeren Mengen herstellen möchten, legen Sie sie einfach auf die Glasplatte von Ihrem Mikrowellengerät. Die aus der Mitte müssen einmal zwischendurch an den Rand gelegt werden und die vom Rand in die Mitte, damit alle Kräcker gleichmäßig heiß werden.

Die Käsekräcker schmecken warm und kalt. Sie eignen sich auch als Snack zum Bier oder Wein, wenn Gäste kommen. Sie lassen sich auch in größeren Mengen schnell im Mikrowellengerät herstellen. Sechs Stück von dieser Machart haben 200 Kalorien – nur zur Erinnerung.

Käsekräcker

1 Stück Meterbrot (50 g) oder
1 Brötchen oder Roggenbrötchen
1 Frühlingszwiebel
1 Knoblauchzehe
Salz
Pfeffer
2 EL geriebener Käse (45%)

1. Das Brot in sechs Scheiben schneiden und zwei Minuten mit 700 Watt austrocknen lassen.

2. Die Frühlingszwiebel in Ringe schneiden und Knoblauch fein würfeln. Zwiebel mit Knoblauch, Salz, Pfeffer, Käse mischen und auf den Brotscheiben verteilen.

3. Die Brotscheiben nebeneinander auf eine Platte legen und offen zwei Minuten mit 700 Watt erhitzen. Einmal zwischendurch umschichten.

Kräuterkräcker

1 Stück Meterbrot (50 g) oder
1 Brötchen oder Roggenbrötchen
2 EL geriebener Käse (45%)
1 TL Öl
Salz
Pfeffer
1 Knoblauchzehe
1 EL gemischte, gehackte Kräuter

1. Das Brot in sechs Scheiben schneiden und zwei Minuten mit 700 Watt austrocknen lassen, zwischendurch einmal wenden.

2. Den Käse mit Öl, Salz, Pfeffer, fein gewürfelter Knoblauchzehe und Kräutern mischen.

3. Die Käsemasse auf die Brotscheiben streichen und offen zwei Minuten mit 700 Watt erhitzen. Einmal zwischendurch etwas umsortieren.

Gebratene Banane mit Nüssen

1 Banane
1 TL Butter oder Margarine
1 EL Zitronensaft
2 EL Orangensaft
einige Tropfen Süßstoff
1 TL gehackte Walnüsse

1. Die Banane schälen und auf einen Teller legen. Die Oberseite mit einer Messerspitze Butter oder Margarine bestreichen. Zitronen- und Orangensaft zugießen, mit etwas Süßstoff süßen und die Nüsse an den Rand in die Sauce legen. Offen eine Minute mit 450 Watt garen.
2. Die Banane einmal umdrehen, damit die Unterseite dann nach oben kommt. Auch diese Seite mit einer Messerspitze Butter oder Margarine bestreichen und noch einmal offen eine Minute mit 450 Watt garen.
3. Die Banane auf einen länglichen Teller gleiten lassen und mit der Zitronen-Orangen-Sauce und den Nüssen anrichten. Etwas abkühlen lassen.

Gefüllter Bratapfel

10 Mandeln
1 TL Rosinen
2 TL Rum
1 MSP Zimt
einige Tropfen Süßstoff
1 großer Apfel
2 MSP Butter oder Margarine

1. Mandeln in Stifte schneiden. Mandelstifte und Rosinen in Rum einweichen und mit Zimt und Süßstoff würzen. Eine Weile ziehen lassen.
2. Den Apfel waschen, das Kerngehäuse trichterförmig ausstechen und in ein ofenfestes Förmchen setzen. Die Mandel-Rosinen-Mischung mit dem Rum in die Apfelmitte füllen, die Butter oder Margarine in die Öffnung streichen.
3. Den gefüllten Apfel zwei Minuten offen mit 700 Watt garen.

Orangenpudding

2 TL gemahlene Gelatine

6 EL gekochter, tiefgekühlter Naturreis

abgeriebene Orangenschale (ungespritzt)

2 EL Sahne (30%)

1 EL Zitronensaft

3 EL Orangensaft

2 TL Grand Marnier

3 Spritzer Süßstoff

1. Die Gelatine in einer Tasse in drei Eßlöffel Wasser einweichen.

2. Den Reis in eine Schüssel legen und fünf Minuten mit 80 Watt auftauen lassen. Orangenschale, Sahne, Zitronensaft, zwei Eßlöffel Orangensaft, Grand Marnier und Süßstoff hineinrühren. Zugedeckt zwei Minuten mit 700 Watt erhitzen.

3. Die Gelatine mit einem Eßlöffel Orangensaft mischen und unter den heißen Reis rühren. Etwas abkühlen lassen.

4. Eine Puddingform mit kaltem Wasser ausspülen und den Reis hineinfüllen. Im Kühlschrank erstarren lassen.

5. Die Puddingform in heißes Wasser halten und den Pudding auf einen Teller stürzen.

Rote Grütze mit Vanillecreme

150 Gramm tiefgekühlte, gemischte Beeren

2 EL Sauerkirschen (Glas)

1 EL Zitronensaft

2 Stückchen Zitronenschale (ungespritzt)

Zimt

Süßstoff

2 TL Weizenstärke

4 TL Crème fraîche

½ Vanilleschote

1. Die gemischten und noch gefrorenen Früchte zusammen mit den Sauerkirschen in eine Schüssel geben. Zitronensaft, Zitronenschale, Zimt und drei Spritzer Süßstoff zugeben. Die Weizenstärke in einer Tasse in wenig Wasser glattrühren.

2. Die Früchte zugedeckt drei Minuten mit 700 Watt erhitzen, zwischendurch einmal umrühren.

3. Die Weizenstärke in die Früchte rühren und zugedeckt zwei Minuten mit 700 Watt zum Kochen bringen. Nach einer Minuten einmal gründlich umrühren.

4. Die rote Grütze etwas abkühlen lassen und in eine mit kaltem Wasser ausgespülte Form gießen. Im Kühlschrank erstarren lassen.

5. Crème fraîche mit dem ausgeschabten Vanillemark und einem Spritzer Süßstoff verrühren. Die Rote Grütze kurz in heißes Wasser stellen (eine Schüssel mit Wasser im Mikrowellengerät erhitzen und die Kompottschüssel kurz hineinstellen) und auf einen Glasteller stürzen. Mit der Vanillecreme anrichten.

Tip: Wenn Sie die Rote Grütze nicht stürzen wollen, reicht auch ein Teelöffel Weizenstärke zum Andicken. Dann hat sie eine geschmeidige Konsistenz.

Birne mit heißer Schokoladensauce

1 reife Birne

2 TL Zitronensaft

2 EL Weißwein

1 Stückchen Zitronenschale (ungespritzt)

1 Stückchen Blockschokolade oder

2 Stückchen Zartbitter-Tafelschokolade

1 EL Sahne (30%)

2 Spritzer Süßstoff

1. Die Birne schälen, halbieren, das Kerngehäuse herausschneiden. In eine Schüssel legen. Die Birnenhälften mit Zitronensaft beträufeln. Weißwein und Zitronenschale zugeben und offen zwei Minuten mit 450 Watt schmoren. Abkühlen lassen.

2. In eine Tasse das Stück Schokolade, Sahne, einen Eßlöffel Wasser und Süßstoff geben und offen zwei Minuten mit 450 Watt erhitzen. Mit einer Gabel glattrühren.

3. Die Birnenhälften aus dem Weißwein heben und auf einen Teller legen. Mit der heißen Schokoladensauce übergießen.

Pfirsich mit Vanilleeis und Himbeersauce

150 Gramm tiefgekühlte Himbeeren

Süßstoff

1 Vanilleschote

1 Pfirsich

1 Kugel Vanilleeiscreme

1. Die Himbeeren in eine Schüssel legen, zwei Eßlöffel Wasser und drei Spritzer Süßstoff zugeben und offen zwei Minuten mit

700 Watt kochen. Wenn Sie noch gefroren waren, dann vier Minuten mit 700 Watt kochen. Anschließend durch ein Sieb streichen.

2. Eine Schüssel mit zwei Tassen Wasser füllen, die aufgeschnittene Vanilleschote und zwei Spritzer Süßstoff zugeben, zudecken und fünf Minuten mit 700 Watt kochen.

3. Den Pfirsich mit einer Gabel rundherum einstechen. In das siedende Wasser legen und zugedeckt zwei Minuten mit 450 Watt erhitzen. Den Pfirsich herausnehmen, beiseite stellen und etwas abkühlen lassen.

4. Die Himbeersauce in einer Schüssel offen zwei Minuten mit 700 Watt etwas einkochen.

5. Den Pfirsich halbieren, den Stein herauslösen und die Haut abziehen. Die Pfirsichhälften in eine Glasschale legen. Die Eiscremekugel daneben anrichten und mit der Himbeersauce übergießen.

Rührei mit knusprigem Speck

3 Scheiben Frühstücksspeck

1 Ei (Handelsklasse 4)

1 EL Mineralwasser

Salz

Pfeffer

½ Scheibe Vollkornbrot

1 Tomate

1 EL Schnittlauchröllchen

1. Den Frühstücksspeck zwischen zwei Blatt Küchenkrepp und dann auf einen Teller legen. Drei Minuten mit 700 Watt knusprig braten.

2. Ei, Mineralwasser, Salz und Pfeffer mit dem Schneebesen verquirlen und auf den Teller gießen, auf dem vorher der Speck gelegen hat. Offen zwei Minuten mit 450 Watt stocken lassen. Zwischendurch die Eimasse ein- bis zweimal etwas umschieben.

3. Brot, Tomatenviertel und Speck auf einen Teller legen. Das Rührei daneben anrichten und mit Schnittlauch bestreuen.

Spiegelei auf Butterbrot

1 Scheibe Vollkornbrot

1 TL Butter oder Margarine

1 EL Kresse

1 Ei (Handelsklasse 4)

Salz

1. Das Brot mit Butter oder Margarine bestreichen und mit Kresse bestreuen.

2. Das Ei über einer kleinen Glasschale aufschlagen und hineinfallen lassen. Offen zwei Minuten mit 450 Watt stocken lassen. Die Glasschale herausnehmen und von oben und unten nachsehen, ob das Eiweiß restlos gestockt ist. Wenn nicht, dann für zehn Sekunden mit 450 Watt weiter erhitzen.

3. Das Ei vorsichtig mit einem Messer am Rand lösen und auf das Brot gleiten lassen. Mit wenig Salz würzen.

Kräuteromelett und Radieschenbrote

½ Roggenbrötchen oder
½ Scheibe Vollkornbrot
1 EL Magerquark
einige Radieschen
Salz
1 MSP Butter oder Margarine
1 Ei (Handelsklasse 4)
1 EL Mineralwasser
Pfeffer
1 EL geriebener Käse (45%)
1 EL gemischte, gehackte Kräuter

1. Das halbe Brötchen in drei Scheiben schneiden, mit Quark bestreichen und mit Radieschenscheiben belegen. Mit wenig Salz würzen.

2. Einen Eßteller mit Butter oder Margarine bepinseln. Ei, Mineralwasser, Salz und Pfeffer mit dem Elektroquirl sehr schaumig schlagen. Die Eimasse auf den Teller gießen und vier Minuten offen mit 450 Watt stocken lassen.

3. Das Omelett vorsichtig mit einem Messer vom Tellerrand lösen. Auf die eine Hälfte Käse und Kräuter streuen. Die andere Hälfte des Omeletts darüberklappen und noch einmal offen 30 Sekunden erhitzen, damit der Käse schmilzt. Das Kräuteromelett und die Radieschenbrote zusammen anrichten.

Pfannkuchen mit Ahornsirup

1 Ei (Handelsklasse 4)
1 EL Mehl
1 EL Sahne (30%)
1 EL Mineralwasser
1 Prise Salz
1 MSP Butter oder Margarine
2 EL Ahornsirup

1. Ei mit Mehl, Sahne, Mineralwasser und Salz verquirlen und 20 Minuten stehen lassen, damit das Mehl ausquellen kann. Noch einmal durchquirlen.

2. Einen Frühstücksteller mit Butter oder Margarine auspinseln und zwei Eßlöffel Teigmasse daraufgießen. Offen eineinhalb Minuten mit 450 Watt backen. Den Pfannkuchen zwischen Alufolie legen, damit er warm bleibt.

3. Zwei weitere Pfannkuchen so ausbacken. Alle einmal falten und auf einen Teller legen. Mit Ahornsirup beträufeln.

Tip: Wenn Sie Vollkornmehl verwenden, werden die Pfannkuchen etwas dunkler und schmecken herzhafter, können aber auch etwas zäh werden.

Porridge mit heißen Früchten

1 Mandarine oder

2 EL Obst (Glas)

1 EL Zitronensaft

einige Tropfen Süßstoff

1 MSP Butter oder Margarine

3 EL Vollkornhaferflocken

1 Prise Salz

2 Stückchen Zitronenschale (ungespritzt)

2 EL Sahne (30%)

Grießbrei mit heißen Himbeeren

1 EL Sahne (30%)

1 Stückchen und etwas abgeriebene Zitronenschale (ungespritzt)

3 EL tiefgekühlte Himbeeren

4 EL Grieß

1 Prise Salz

3 Spritzer Süßstoff

½ Vanilleschote

1. Die Mandarine schälen, in Spalten teilen, halbieren und auf einen kleinen Teller legen. Zitronensaft, Süßstoff und Butter oder Margarine zugeben.
2. In eine (Glas-)Schüssel Haferflocken, eine Tasse Wasser, Salz und Zitronenschale geben. Die Haferflocken zugedeckt und die Mandarine offen zusammen vier Minuten mit 700 Watt erhitzen. Die Haferflocken müssen einmal aufkochen, die Mandarine soll nur schmoren.
3. Die Mandarine beiseite stellen und die Haferflocken zugedeckt fünf Minuten mit 150 Watt quellen lassen.
4. Die Haferflocken in eine Suppenschale schütten, mit Sahne übergießen und die Mandarine mit dem Saft darauf verteilen.

1. Sahne zusammen mit einer reichlichen Tasse Wasser und Zitronenschale zugedeckt zum Kochen bringen. Das dauert knapp fünf Minuten mit 700 Watt. Die noch gefrorenen Himbeeren für zwei Minuten in einem Schälchen offen dazustellen.
2. Unter ständigem Rühren den Grieß in das Sahnewasser rieseln lassen. Salz, Süßstoff, Vanillemark und abgeriebene Zitronenschale unterrühren, zudecken und drei Minuten mit 150 Watt quellen lassen. Die Himbeeren wieder dazustellen.
3. Den Griesbrei in eine Glasschale füllen und die heißen Himbeeren rundherumlegen.

Tip: Falls der Grießbrei zu dick gerät, geben Sie noch ein oder zwei Eßlöffel Wasser beim Quellen dazu. Und falls Ihnen das Malheur passiert, daß er nicht glatt ist, sondern kleine Klümpchen enthält, quirlen Sie ihn einmal kräftig mit dem Elektroquirl durch.

Übrigens, vom Grieß gibt's zwei Sorten: Weichweizen- und Hartweizengrieß. Der Weichweizengrieß wird breiähnlicher, der Hartweizengrieß hat eine festere Konsistenz und schmeckt kerniger. Die Italiener machen zum Beispiel ihre Nudeln aus Hartweizengrieß – sie sind »bissiger« und herzhafter.

Rezepte mit `100` Kalorien

Auch wenn es sehr kalorienarm sein soll, finden Sie dennoch eine Menge auf Ihrem Teller wieder. Jedes der folgenden Rezepte schlägt nur mit 100 Kalorien zu Buche. Links sehen Sie wieder, wie man sich auch mit diesen Rezepten ein 300-Kalorien-Menü zusammenstellen kann. Als Vorspeise gibt es eine Brühe mit Nudeln, sie steht mit Variationen auf Seite 110, als Hauptgericht provençalisches Gemüse – hier haben wir von den Vorschlägen auf Seite 112 jeweils die Hälfte der Tomaten und der Zucchini genommen und sie gemischt. Der süße Abschluß: Vanillequark mit Pfirsich von Seite 117.

Brühe mit Nudeln

1 TL Instant-Brühe

20 Gramm Fadennudeln oder

2 EL Sternchennudeln

2 EL tiefgekühlte Erbsen

1 TL Petersilie

1. In eine Schüssel eine reichliche Tasse Wasser gießen. Brühe, Nudeln und Erbsen zugeben. Zugedeckt sechs Minuten mit 450 Watt erhitzen.

2. Die Brühe in eine Suppentasse füllen und mit gehackter Petersilie bestreuen.

Tip: Diese Brühe können Sie auch mit vielen anderen Zutaten ganz schnell zubereiten: Als Flädlesuppe mit dem Pfannkuchen von Seite 115, allerdings dann mit einundhalb Tassen Brühe und nur einer Minute mit 700 Watt. Als Brühreis mit einer Portion Naturreis und frischen Kräutern. Hier müssen Sie aber zwei Tassen Brühe als Grundlage haben. Als Gemüsesuppe mit 150 Gramm tiefgekühltem Suppengemüse, sie braucht fünf Minuten mit 700 Watt. Als Kartoffelsuppe mit einer Kartoffel und einer kleinen Stange Porree. Die Garzeit beträgt dann fünf Minuten mit 700 Watt. Alle Suppen sollten Sie zugedeckt garen, sonst verkocht die Brühe.

Brokkolicremesuppe

150 Gramm Brokkoli (½ TK-Paket)

½ TL Instant-Brühe

Salz

Pfeffer

Muskat

2 TL Zitronensaft

2 EL Sahne (30%) oder

4 TL Crème fraîche

1. Den Brokkoli etwas kleinschneiden und in eine Schüssel legen. Einige Brokkoliröschen abschneiden und beiseite stellen. Eine Tasse Wasser und Instant-Brühe zugeben und zudecken. Acht Minuten mit 700 Watt kochen. Zwischendurch einmal umrühren.
2. Das Gemüse mit der Brühe in einen hohen Becher füllen und mit dem Schneidstab pürieren. Die Suppe wieder in die in der Zwischenzeit ausgespülte Schüssel gießen. Mit Salz, Pfeffer, Muskat, Zitronensaft und Sahne oder Crème fraîche verrühren und die zurückbehaltenen Brokkoliröschen obenauflegen. Zudecken und noch einmal zwei Minuten mit 450 Watt erhitzen. Dann in einer Suppentasse anrichten.

Tip: Diese Cremesuppe können Sie mit der gleichen Menge vieler anderer Gemüsesorten zubereiten: Mit Blumenkohl, tiefgekühlten Erbsen, frischen Tomaten, tiefgekühltem Blattspinat, Champignons, Möhren, Knollensellerie, Kohlrabi, Porree zusammen mit einer Kartoffel, Rosenkohl und Spargel. Kohlrabi und Möhren brauchen acht Minuten mit 700 Watt und eineinhalb Tassen Wasser, Champignons vier Minuten mit 700 Watt und einer Tasse Wasser, Tomaten vier Minuten, Spinat sechs Minuten mit 700 Watt und jeweils nur einer halben Tasse Wasser. Sparen Sie nicht an Gewürzen und vor allem nicht an frischen oder getrockneten Kräutern. Übrigens: Ein Hauch Zitronensaft macht die meisten Suppen frischer, und an Tomaten und Möhren dürfen einige Tropfen Süßstoff nicht fehlen.

Provençalische Champignons

250 Gramm geputzte Champignons

1 EL Zitronensaft

1 Knoblauchzehe

Salz

Pfeffer

2 TL Öl

2 EL gehackte Petersilie

1. Die Champignons halbieren, kleine ganz lassen. Mit Zitronensaft beträufeln und einmal mischen.

2. Die Knoblauchzehe pellen, halbieren und in hauchdünne Scheiben schneiden.

3. Die Champignons mit Knoblauch, Salz, Pfeffer und Öl mischen und sechs Minuten zugedeckt bei 700 Watt garen. Zwischendurch einmal umrühren. Mit Petersilie bestreuen.

Tip: Statt Champignons können Sie auch andere Gemüsesorten nehmen: 250 Gramm Tomaten in Viertel teilen. Zutaten wie bei den Champignons, aber ohne Zitronensaft. Zugedeckt drei Minuten mit 700 Watt garen, zwischendurch umrühren. Eine kleine Zucchini einmal längs durchschneiden und die Hälften in dünne Scheiben schneiden und mit den gleichen Gewürzen zugedeckt drei Minuten mit 700 Watt garen, zwischendurch umrühren.

Krautsalat mit Speck

3 Scheiben Frühstücksspeck
75 Gramm Wirsing
1 EL Weinessig
2 TL Öl
1 EL Zitronensaft
Salz
Pfeffer
Süßstoff

1. Den Speck fein würfeln und zwischen Küchenkrepp drei Minuten mit 700 Watt ausbraten.

2. Den Kohl in feine Streifen schneiden und in eine Schüssel geben. Essig und zwei Eßlöffel Wasser zugießen und zugedeckt drei Minuten mit 700 Watt garen. Zwischendurch umrühren.

3. Den Kohl mit Öl, Zitronensaft, Salz, Pfeffer und Süßstoff kräftig süßsauer abschmecken und mit den Speckwürfeln mischen.

Tip: Diesen Salat können Sie aus verschiedenen Kohlsorten machen: Mit 100 Gramm Weißkohl. Er braucht die gleiche Zeit wie Wirsing. Wer mag, kann ihn auch noch mit Kümmel würzen. Aus 100 Gramm Rotkohl schmeckt er auch sehr herzhaft. Rotkohl braucht drei Minuten mit 700 Watt. Machen Sie auch mal einen Versuch mit Chinakohl. Der braucht nur eine Minuten mit 700 Watt.

Omelett mit Pilzen

100 Gramm geputzte Champignons, Pfifferlinge oder Austernpilze
1 EL Zitronensaft
½ kleine Zwiebel
Salz
Pfeffer
1 TL Crème fraîche
1 EL gehackte Petersilie
1 Ei (Handelsklasse 4)
1 EL Mineralwasser
½ MSP Butter oder Margarine
1 Spritzer Worcestershiresauce

1. Die Champignons in dünne Scheiben schneiden. In eine Schüssel füllen und mit Zitronensaft beträufeln.

2. Die Zwiebel pellen, würfeln und zugeben. Mit Salz, Pfeffer, Crème fraîche und einem Eßlöffel Wasser mischen. Zugedeckt drei Minuten mit 700 Watt garen. Zwischendurch einmal gut umrühren, zum Schluß die Petersilie unterheben und beiseite stellen.

3. Ei, Salz, Pfeffer und Mineralwasser mit einem elektrischen Quirl sehr schaumig schlagen. Einen Eßteller mit Butter oder Margarine auspinseln und die Eimasse daraufgießen. Offen vier Minuten bei 450 Watt stocken lassen.

4. Das Omelett vorsichtig mit der Messerspitze vom Teller lösen. Die

Champignons auf eine Hälfte des Omeletts häufen, die andere Hälfte darüberklappen und mit Worcestershiresauce würzen.

Tip: Das Omelett gelingt wirklich nur, wenn es sehr schaumig geschlagen ist, sonst hat es in der Mitte immer ein Loch! Wenn Ihr Omelett eine süße Note haben soll, können Sie es auch mit einer halben Portion von dem Obst auf Seite 116 füllen.

Crêpe mit Marmelade

1 TL Marmelade

1 Ei (Handelsklasse 4)

1 TL Mehl

1 Prise Salz

1 MSP Butter oder Margarine

1. Die Marmelade in einer Tasse mit einem Eßlöffel Wasser verdünnen und offen eine Minute mit 700 Watt erhitzen. Anschließend gut durchrühren.

2. Das Ei mit Mehl und Salz schaumig schlagen. Das Mehl eine Weile ausquellen lassen. Die Eimasse noch einmal mit dem elektrischen Quirl gründlich aufschlagen.

3. Einen Eßteller mit Butter oder Margarine bepinseln und die Eimasse daraufgießen, so daß sie sich ausbreiten kann und nicht von einem Rand begrenzt wird. Dadurch verteilt sich die Eimasse gleichmäßig dünn und der Crêpe bekommt in der Mitte kein Loch. Offen zwei Minuten mit 450 Watt erhitzen. Das Gerät in der Zwischenzeit nicht öffnen.

4. Mit einem Messer den Crêpe am Rand lösen. Die eine Hälfte mit der verdünnten Marmelade bestreichen, die andere Hälfte darüberklappen.

Pflaumenkompott

150 Gramm Pflaumen
3 Spritzer Süßstoff
1 MSP Zimt
1 MSP Nelkenpulver
2 TL Zitronensaft
1 Stückchen Zitronenschale (ungespritzt)
1 Vanilleschote
2 TL Calvados

1. Die Pflaumen waschen, entsteinen, halbieren und in eine Schüssel legen. Süßstoff, Zimt, Nelkenpulver, Zitronensaft, Zitronenschale, Vanillemark und Calvados zugeben.
2. Die Pflaumen offen zwei Minuten mit 700 Watt garen. Zwischendurch einmal umrühren.

Tip: Dieses Kompott können Sie auch mit anderen Obstsorten machen: Mit einem großen, süßlichen Apfel oder einer Birne, das dauert zwei Minuten mit 700 Watt. Mit allen Steinobstsorten, wie zum Beispiel Sauerkirschen, Mirabellen, Reineclauden und Pfirsichen, ebenfalls zwei Minuten mit 700 Watt. Mit allen Beerensorten, wie zum Beispiel Him-

beeren, Brombeeren, Erdbeeren, Heidelbeeren. Die benötigen nur eine Minute mit 700 Watt, wenn sie nicht zerkochen sollen. Nehmen Sie immer die gleiche Menge, also 150 Gramm. Übrigens, wenn Sie das Pflaumenkompott zehn Minuten mit 450 Watt weiterkochen, zwischendurch immer mal wieder umrühren, bekommen Sie 80 Gramm kalorienarmes Pflaumenmus. Das können Sie auch mit den anderen Obstsorten einmal probieren.

Vanillequark
mit heißen Früchten

3 EL Magerquark

1 EL Mineralwasser

einige Tropfen Süßstoff

½ Vanilleschote

1 Pfirsich

1. Den Quark mit einem Eßlöffel Mineralwasser, Süßstoff und Vanillemark mit dem elektrischen Quirl cremig rühren.

2. Eine Schüssel mit einer Tasse Wasser zum Kochen bringen. Den Pfirsich hineinlegen und zwei Minuten mit 450 Watt erhitzen. Den Pfirsich mit einer Schaumkelle herausnehmen, halbieren, den Stein herauslösen und die Haut abziehen.

3. Die Pfirsichhälften in ein Glasschälchen legen und mit dem Vanillequark anrichten.

Tip: Diesen Vanillequark können Sie mit vielen anderen Früchten – je nach Saison – zubereiten: Mit Sauerkirschen, Aprikosen, Stachelbeeren, Äpfeln und Birnen, mit Orangen, Grapefruit, Mandarinen und auch mit einem Gemüse, nämlich Rhabarber. Hier können Sie sogar 200 Gramm schmoren, beim Obst sind es 100 Gramm. Manche Obstsorten schmecken mit etwas Süßstoff und Zitronensaft würziger. Diesen Vanillequark sollten Sie fast täglich essen wegen des darin enthaltenen Kalziums. Übrigens, wenn Sie die Mengen verdoppeln, haben Sie noch ein 200-Kalorien-Frühstück mehr zur Auswahl.

Mikrowellen garen schonend & schnell

Mikrowellen sind vergleichbar mit den Wellen von Rundfunk und Fernsehen. Während jedoch die Wellen beim Rundfunk bis zu 500 000mal in der Sekunde schwingen, schwingen die Mikrowellen um ein Tausendfaches schneller. Diese hohen Schwingungen macht man sich nun in der Küche zunutze.

Um zu verstehen, warum dabei Speisen heiß und Teller kalt bleiben, müssen Sie folgendes wissen:

1. Mikrowellen können einen Stoff durchdringen.
2. Mikrowellen werden reflektiert.
3. Mikrowellen werden vom Stoff absorbiert.

Teller und Schüsseln aus Glas, Porzellan und Kunststoff erwärmen sich nicht, weil die Mikrowellen durch diese Stoffe hindurchgehen. Der Garraum des Mikrowellengerätes besteht aus Metall, zum Beispiel aus Edelstahl, weil Metall die Mikrowellen reflektiert.

Hier werden die Mikrowellen wie ein Squashball in einem Käfig hin- und hergeschossen. Und Speisen erwärmen sich, weil sie die Wellen aufnehmen. Nehmen wir einmal eine Kartoffel, die wir ins Mikrowellengerät legen. In dem Moment, in dem die Welle auf die Oberfläche der Kartoffel trifft, durchdringt sie sie auch gleichzeitig. Dabei entsteht Hitze, sowohl auf der Oberfläche als auch im Innern der Kartoffel. Da die einzelne Mikrowelle beim Durchdringen ständig einen Teil als Wärme zurückläßt, gibt es einen Punkt, an dem die Mikrowellenenergie verbraucht ist. Wie weit die Welle kommt, ist abhängig von der Art der Speise, aber im Schnitt beträgt die Strecke sechs bis knapp acht Zentimeter. Deshalb ist es wichtig, die Schüssel nicht zu voll zu machen und die Speisen immer wieder umzuschichten, damit auch jedes Stückchen Ihrer Mahlzeit für eine Weile eine ordentliche Portion Mikrowellen abbekommt.

Wichtig zu wissen: Beim Garen mit

der Mikrowelle ist die Oberfläche der Speisen kühler als das Innere. Und mit Oberfläche ist nicht nur die Oberseite, sondern auch die Unterseite gemeint. Da die Luft in dem Gerät sich nicht miterhitzt, kühlt sie die Oberfläche ab, wenn auch in kurzer Zeit nur geringfügig. Deshalb ist ein Anbrennen und ein Verbrennen so gut wie ausgeschlossen. Alle Speisen werden nicht heißer als maximal 100 °C. Denn das, was die Mikrowellen mit ihrer Energie erhitzen, sind nur die Wassermoleküle in den einzelnen Nahrungsmitteln. Dazu müssen Sie wissen, daß viele Nahrungsmittel bis zu 90 Prozent aus Wasser bestehen. Und diese heißen Wassermoleküle garen dann die Zellen der Kartoffeln und Möhren und alles, was Sie in Ihr Mikrowellengerät packen. Wenn Sie allerdings Ihre Kartoffeln zu lange den Mikrowellen aussetzen, ohne sie umzuschichten, bekommen sie dunkle Punkte. An diesen Stellen sind die Wassermoleküle verdampft. Man spricht hier von Übergaren. Wenn Sie sie aber regelmäßig umsortieren, dann werden Sie bei längerer Garzeit höchstens zu weich.

Das Geschirr, mit dem Sie in der Mikrowelle garen, besteht aus Glas, Porzellan oder einem speziellen Kunststoff. Glas hat einen Vorteil: Topfgucker können das Geschehen von außen beobachten.

119

Tips & Tricks

Eier

weder weiche noch harte – können Sie im Mikrowellengerät kochen – sie platzen. Rühreier hingegen lassen sich leicht zubereiten. Spiegeleier in einem Glasschälchen garen. Suppen und Saucen, die mit Ei gebunden sind, alle 30 Sekunden durchquirlen, weil das Ei sonst zu schnell stockt. Omeletts sehr schaumig schlagen, sonst haben sie in der Mitte ein Loch. Nicht mehr als 450 Watt draufgeben.

Fett

braucht man beim Garen mit der Mikrowelle kaum. Hier begegnet Ihnen nur das Fett, das in den einzelnen Lebensmitteln ohnehin enthalten ist. Aber gerade hier sind die Verluste höher als beim konventionellen Kochen. Bei der Mikrowellen-Diät haben wir häufig Öl hinzugefügt, weil es die mehrfach ungesättigten Fettsäuren enthält, die für den Stoffwechsel wichtig sind. Mehrfach ungesättigte Fettsäuren stecken besonders in Sonnenblumenöl und in Sojaöl.

Fisch

können Sie hervorragend in der Mikrowelle garen. Er sollte knapp vom Sud bedeckt sein. Nehmen Sie frisches oder tiefgekühltes Fischfilet, dann haben Sie nicht den Ärger mit den Gräten.

Garzeiten

sind in diesem Buch sehr knapp angegeben, weil wir finden, daß zum Beispiel Gemüse bißfest sein muß. Wer sein Gemüse lieber weich mag, muß ein paar Minuten zugeben. Fleisch, Fisch und Geflügel gart auch unterschiedlich. Bevor Sie es servieren, lieber mit einem kleinen Schnitt testen, ob es auch »durch« ist.

Geflügel

eignet sich gut für Diätgerichte, besonders Hähnchenbrustfilet und Putenschnitzel (s. Seite 34 bis 41). Es hat kurze Garzeiten, enthält wenig Fett und läßt sich auf viele Arten zubereiten. Hähnchenkeulen sind nur begrenzt einsetzbar – sie bleiben blaß.

Gemüse

behält seine frische Farbe und entwickelt ganz besonders seinen Eigengeschmack. Faustregel: In wenig Salzwasser garen. In einem einzigen Fall haben wir schlechte Erfahrungen gemacht: mit Blattspinat. Er ist so empfindlich, daß die Blätter sich sehr leicht braun verfärben. Gehackter Spinat ist nicht ganz so empfindlich.

Geschirr

kann aus Glas, Porzellan, Keramik oder Spezialkunststoff sein. Darauf achten, daß Gläser kein Blei enthalten (Bleiglas) und Teller und Schüsseln keine Silber- oder Goldränder haben. Glasgeschirr hat den Vorteil, daß man während des Garens hineinschauen kann, ohne das Mikrowellengerät öffnen zu müssen. Kunststoffschüsseln für die Mikrowelle werden oft mit zwei Deckeln geliefert: einem durchsichtigen zum Garen und einem dicht abschließbaren zum Einfrieren.

Hülsenfrüchte

wie Erbsen und Bohnen werden mit der Mikrowelle nicht gar – schade! Linsen allerdings werden mit etwas Geduld weich (s. die Rezepte auf Seite 56 und 80).

Kartoffeln

können Sie mit Schale in Mikrofolie – eine perforierte Spezialfolie – wickeln und einzeln ins Mikrowellengerät legen. Jede Kartoffel mittlerer Größe braucht etwa zwei Minuten bei 700 Watt. Zwei brauchen dann vier Minuten. Die Garzeit hängt auch von der Sorte ab. Salzkartoffeln mit wenig Wasser zugedeckt in einer Schüssel garen. Kartoffelpüree und Kartoffelschnee aus ein, zwei oder drei Kartoffeln lassen sich in Windeseile ohne großen Aufwand zubereiten – dafür die Kartoffeln aber ziemlich weich kochen.

Kräuter

und Gewürze machen nicht nur Diätgerichte erst richtig schmackhaft. Gehen Sie ruhig verschwenderisch damit um. Sie enthalten ohnehin wenig Kalorien und ein hohes Maß an Vitaminen und Mineralstoffen. Würzen Sie lieber viel mit Kräutern und Gewürzen, und sparen Sie am Salz!

Nudeln

garen in der Mirkowelle auch nicht schneller als auf dem Herd. Deshalb gibt es in der ganzen Diät auch nur ein Nudelgericht (Seite 48). Wir haben Bandnudeln genommen, weil man Spaghetti nur in heißem Wasser wegen ihrer Länge in eine Schüssel zwingen kann.

Reis

braucht genauso lange wie sonst auch. Kochen Sie deshalb für diese Diät eine große Portion Naturreis (braucht länger als polierter Reis), und füllen Sie jeweils sechs Eßlöffel gekochten Naturreis (75 Gramm) in einen Plastikbeutel. Diese Beutel frieren Sie ein. In der Mikrowellen-Diät haben alle Reisportionen die gleiche Größe, nämlich sechs Eßlöffel.

Vitamine

gehen beim Garen mit der Mikrowelle nicht so schnell verloren wie beim konventionellen Kochen. So behält zum Beispiel Blumenkohl 14 Prozent und Kohl sogar 17 Prozent mehr von seinem Vitamin C als beim Kochen auf dem Herd. Fleisch verliert 12 Prozent weniger von seinem Vitamin B_2.

Watt

ist die Energiemenge, die ein Gerät mit seinen Mikrowellen aussenden kann. Die meisten Geräte haben mehrere Energiestufen. Wir haben mit Miele-Geräten getestet, die mit vier Stufen arbeiten: mit 80, 150, 450 und 700 Watt. Falls Ihr Gerät andere Stufen hat, finden Sie rechts eine Umrechnungstabelle für die Zeiten. Sie sollten immer mit der Stufe arbeiten, die der Ihren am nächsten ist. Wenn eine Leistung von 450 Watt

angegeben ist, sollten Sie nicht auf 700 Watt gehen und die entsprechend kürzere Garzeit wählen. Manche Lebensmittel sind so empfindlich, daß das Ergebnis nicht befriedigend wäre.

Weißwein

und einige Likörsorten werden zum Würzen einiger Diätgerichte eingesetzt. So zum Beispiel bei Süßspeisen und Saucen. Wenn Sie diese Gerichte für Kinder zubereiten wollen, dann ersetzen Sie den Weißwein durch Brühe und streichen alle alkoholischen Beigaben ersatzlos. Das gleiche sollten auch die tun, die Alkoholprobleme haben.

Zucker

wird nur in zwei von den 100 Rezepten eingesetzt – einfach, weil es für den Geschmack wichtig ist. Diabetiker sollten diesen Zucker durch Fruchtzucker ersetzen. Übrigens: Für Diabetiker haben wir im Register auch die BE für die einzelnen Gerichte angegeben.

Umrechnungstabelle für Minuten

700 Watt	650 Watt	600 Watt	500 Watt	450 Watt
0.30	0.30	0.30	0.45	0.45
1.00	1.00	1.15	1.30	1.30
1.30	1.45	1.45	2.00	2.15
2.00	2.15	2.15	2.45	3.00
3.00	3.15	3.30	4.15	4.45
4.00	4.15	4.45	5.30	6.15
5.00	5.30	6.00	7.00	7.45
6.00	6.30	7.00	8.30	9.15
7.00	7.30	8.15	9.45	11.00
8.00	8.30	9.15	11.15	12.30
9.00	9.45	10.30	12.30	14.00
10.00	10.45	11.30	14.00	15.30
12.00	13.00	14.00	16.45	18.45
14.00	15.00	16.15	19.30	21.45
16.00	17.15	18.45	22.30	25.00
18.00	19.30	21.00	25.15	28.00
20.00	21.30	22.15	28.00	31.00

Zutatenliste**

	Einheit	Menge	E	F	KH	Kal	BE
Fleisch und Wurstwaren							
Beefsteakhack (Tatar)		50 Gramm	11	2	0	62	–
Beefsteakhack (Tatar)		75 Gramm	16	2	0	92	–
Beefsteakhack (Tatar)		100 Gramm	21	3	0	123	–
Bockwurst	1 kleine	50 Gramm	6	13	0	147	–
Corned beef		50 Gramm	11	3	0	76	–
Frühstücksspeck	1 Scheibe	10 Gramm	1	6	0	66	–
Frühstücksspeck, ausgebr.	1 Scheibe	3 Gramm	0	1	0	12	–
Kalbfleisch, Keule		100 Gramm	21	2	0	107	–
Kasseler		50 Gramm	10	8	0	127	–
Kasseler		100 Gramm	21	17	0	253	–
Lammkotelett	1 doppeltes	100 Gramm	18	16	0	235	–
Leber	1 Scheibe	100 Gramm	19	4	4	124	✳
Minisalami	1	25 Gramm	3	11	0	121	–
Rindfleisch, Keule		100 Gramm	21	7	0	160	–
Rindfleisch, Keule		150 Gramm	32	11	0	240	–
Schinken, gekocht	1 gr. Scheibe	40 Gramm	9	5	0	86	–
Schinken, roh	1 Scheibe	20 Gramm	4	7	0	79	–
Schweinefilet		50 Gramm	10	6	0	99	–
Schweinefilet		100 Gramm	19	12	0	198	–
Fisch und Fischwaren							
Forelle	1 kleine	200 Gramm	39	6	0	224	–
Hummerkrabbe	1	25 Gramm	5	0	0	24	–
Hummerkrabben	5	125 Gramm	23	2	0	120	–
Kabeljaufilet		75 Gramm	13	0	0	62	–
Kaviar, deutscher	1 kl. Glas	28 Gramm	4	2	1	34	✳
Krabben		50 Gramm	9	1	0	48	–
Krabben		100 Gramm	19	1	0	96	–
Krebsfleisch		100 Gramm	15	0	0	70	–
Lachsfilet		100 Gramm	20	14	0	217	–
Rotbarschfilet		200 Gramm	36	7	0	228	–
Schellfischfilet		200 Gramm	36	0	0	160	–
Schollenfilet		150 Gramm	26	1	0	125	–
Seelachsfilet		100 Gramm	17	1	0	83	–

	Einheit	Menge	E	F	KH	Kal	BE

Geflügel

	Einheit	Menge	E	F	KH	Kal	BE
Hähnchenbrustfilet	1	90 Gramm	20	1	0	98	–
Hähnchenkeule	1	125 Gramm	26	4	0	125	–
Putenschnitzel		100 Gramm	24	1	0	115	–
Putenleber	1	75 Gramm	17	4	0	107	–

Gemüse

	Einheit	Menge	E	F	KH	Kal	BE
Austernpilze		100 Gramm	2	0	3	23	❅
Blumenkohl	½ kleiner	150 Gramm	4	0	4	35	❅
Bohnen, grün		150 Gramm	4	0	9	56	1
Brokkoli		150 Gramm	5	0	3	33	❅
Champignons		100 Gramm	3	0	0	14	❅
Chicorée	1 Staude	100 Gramm	1	0	1	11	❅
Chinakohl		100 Gramm	1	0	1	10	❅
Erbsen	1 EL	15 Gramm	1	0	2	13	❅
Erbsen		50 Gramm	3	0	7	45	1
Erbsen		150 Gramm	10	1	21	134	2
Frühlingszwiebel	1	25 Gramm	1	0	1	6	❅
Gewürzgurke	1	50 Gramm	0	0	1	5	❅
Gurke	1 Stück	50 Gramm	0	0	1	7	❅
Gurke	1 gr. Stück	100 Gramm	1	0	2	14	❅
Knoblauch	1 Zehe	5 Gramm	0	0	1	7	❅
Kohlrabi	1 Knolle	150 Gramm	3	0	6	38	❅
Kopfsalat	einige Blätter	20 Gramm	0	0	0	2	❅
Kopfsalat	1 kl. Portion	50 Gramm	1	0	0	5	❅
Kräuter	1 EL	10 Gramm	0	0	1	6	❅
Linsen, getrocknet		50 Gramm	12	1	25	161	2
Linsen, getrocknet		75 Gramm	18	1	38	242	3
Mais	1 Kolben	75 Gramm	2	1	12	70	1
Möhre	1 kleine	50 Gramm	0	0	3	13	❅
Möhre	1 große	100 Gramm	1	0	5	26	❅
Paprikaschote	1 mittelgroße	150 Gramm	2	0	5	30	❅
Pfifferlinge		100 Gramm	2	0	3	23	❅
Porree	1 kl. Stange	75 Gramm	2	0	2	19	❅
Porree	1 gr. Stange	150 Gramm	3	0	5	38	❅
Radieschen	½ Bund	50 Gramm	0	0	1	7	❅
Rhabarber		200 Gramm	1	0	4	22	❅
Rosenkohl		150 Gramm	7	0	6	53	❅
Rote Bete, Glas		25 Gramm	0	0	2	10	❅
Rotkohl		100 Gramm	2	0	3	20	❅
Sauerkraut		150 Gramm	2	0	3	24	❅
Schalotte	1	15 Gramm	0	0	1	5	❅

	Einheit	Menge	E	F	KH	Kal	BE
Gemüse							
Spargel		250 Gramm	5	0	3	35	❊
Spinat		150 Gramm	4	0	1	21	❊
Suppengemüse		150 Gramm	3	0	8	47	1
Suppengrün	1 Päckchen	50 Gramm	1	0	3	16	❊
Tomate	1	50 Gramm	0	0	1	9	❊
Tomaten	1 kl. Dose	250 Gramm	3	0	9	51	1
Weißkohl		100 Gramm	1	0	4	22	❊
Wirsingkohl		75 Gramm	2	0	3	23	❊
Wirsingkohl		150 Gramm	4	1	6	47	❊
Zucchini	1 Stückchen	50 Gramm	1	0	1	9	❊
Zucchini	1 kleine	200 Gramm	3	1	4	36	❊
Zuckerschoten		50 Gramm	1	0	5	28	❊
Zwiebel	1 kleine	30 Gramm	0	0	2	10	❊
Obst und Nüsse							
Ananas, Dose	1 Scheibe	40 Gramm	0	0	8	34	#1
Apfel	1 mittelgroßer	150 Gramm	0	1	18	80	2
Aprikosen		150 Gramm	1	0	15	66	1
Banane	1 kleine	100 Gramm	1	0	19	81	2
Birne	1 mittelgroße	150 Gramm	1	0	15	68	1
Heidelbeeren		150 Gramm	1	1	29	129	2
Himbeeren		150 Gramm	2	0	9	47	1
Mandarine	1	50 Gramm	0	0	5	23	❊
Mandeln	10 Stück	10 Gramm	2	5	1	62	❊
Orangensaft, frisch gepr.	1 EL	10 Gramm	0	0	1	5	❊
Pfirsich	1	125 Gramm	1	0	11	49	1
Pflaumen		150 Gramm	1	0	18	78	2
Sauerkirschen, Glas	1 EL	30 Gramm	0	0	6	24	#❊
Sauerkirschen, Saft	1 EL	10 Gramm	0	0	1	7	#❊
Rosinen	1 TL	5 Gramm	0	0	3	14	❊
Walnüsse, gehackt	1 TL	5 Gramm	1	3	1	35	❊
Zitronensaft, frisch gepr.	1 EL	10 Gramm	0	0	1	3	❊
Beilagen							
Glasnudeln	1 Portion	30 Gramm	0	0	26	103	2
Inst.-Kartoffelpüreefl.	1 EL	5 Gramm	0	0	4	18	❊
Kartoffel	1 kleine	50 Gramm	1	0	8	35	1
Nudeln	1 EL	10 Gramm	1	0	7	35	1
Nudeln	1 Portion	75 Gramm	10	2	50	266	4
Naturreis, gekocht	6 EL	75 Gramm	2	1	22	106	2

	Einheit	Menge	E	F	KH	Kal	BE

Eier

	Einheit	Menge	E	F	KH	Kal	BE
Ei, Handelsklasse 4	1	45 Gramm	6	5	0	75	✳
Eigelb, Handelsklasse 4	1	15 Gramm	2	5	0	57	–
Eiweiß, Handelsklasse 4	1	30 Gramm	4	0	0	18	✳

Fette

	Einheit	Menge	E	F	KH	Kal	BE
Butter oder Margarine	1 MSP	2 Gramm	0	2	0	16	–
Butter oder Margarine	1 TL	5 Gramm	0	4	0	39	–
Öl	1 TL	2,5 Gramm	0	2	0	23	–
Öl	1 EL	10 Gramm	0	10	0	93	–

Getreideprodukte

	Einheit	Menge	E	F	KH	Kal	BE
Baguette	1 Scheibe	10 Gramm	1	0	5	25	✳
Baguette	¼ Brot	62,5 Gramm	5	1	31	154	3
Roggenbrötchen	1	50 Gramm	3	0	20	99	2
Vollkornbrot	1 Scheibe	50 Gramm	4	1	18	95	2
Weizenvollkorntoast	1 Scheibe	25 Gramm	2	1	12	67	1
Weizenbrötchen	1	40 Gramm	3	0	20	99	2
Grieß	1 EL	12,5 Gramm	1	0	8	40	1
Haferflocken	1 EL	10 Gramm	1	1	6	37	✳
Mehl	1 TL	3 Gramm	0	0	2	10	✳
Mehl	1 EL	10 Gramm	1	0	7	35	1
Semmelbrösel	1 TL	5 Gramm	0	0	3	15	✳
Weizenstärke	I TL	2,5 Gramm	0	0	2	8	✳

Milchprodukte

	Einheit	Menge	E	F	KH	Kal	BE
Camembert (30%)	¼	30 Gramm	7	4	0	71	–
Crème fraîche	1 TL	5 Gramm	0	2	0	15	✳
Käse, gerieben (45%)	1 EL	10 Gramm	3	3	0	38	–
Magerquark	1 EL	25 Gramm	3	0	1	20	✳
Mozzarella	⅓ Kugel	50 Gramm	10	8	0	118	–

✳ = BE unter 0,5
= Nur für Diabetiker geeignete Produkte verwenden

✳✳ Die Gewichte beziehen sich auf den eßbaren Anteil. Wenn Sie mit Abfall rechnen müssen, wie zum Beispiel bei Obst und Gemüse, kaufen Sie immer etwas mehr ein.

Register

S = schnell; B = billig; V = vegetarisch; K = für Kinder; G = für Gäste; BE = Broteinheiten

	Seite	Gruppe	S	B	V	K	G	BE
Putenspieße mit scharfer Currysauce	40	Geflügel	•				•	3
Quarkauflauf	63	Süßspeise	•	•	•	•	•	2
Reispfanne mit Porree und Krebsfleisch	32	Fisch	•			•	•	2,5
Reispudding mit Himbeersauce	64	Süßspeise		•	•		•	6
Risotto mit Pilzen	45	Gemüse	•	•	•	•	•	4
Rosenkohl mit Kasseler	56	Eintopf		•		•		3
Rotbarschfilet mit Dillsauce	28	Fisch		•		•	•	2,5
Scharfe Fleischspieße mit Curryreis	25	Fleisch	•				•	2
Schellfisch mit Senfsauce	29	Fisch		•			•	2,5
Schollenfilet mit Kartoffel-Zwiebel-Gemüse	32	Fisch	•	•			•	1,5
Schweinefleisch süßsauer	22	Fleisch	•			•	•	3
Süßsaurer Linseneintopf	56	Eintopf		•		•		4
Tafelspitz mit Meerrettichcreme	18	Fleisch		•		•	•	1,5
Tomaten-Fleisch-Sauce mit Bandnudeln	48	Gemüse	•	•		•		5
Topfenpalatschinken	58	Süßspeise		•	•		•	2,5
Tomatensuppe mit Fleischklößchen	54	Eintopf	•			•	•	4
Wirsingkohleintopf mit Lamm	52	Eintopf				•	•	2

Rezepte mit 200 Kalorien

	Seite	Gruppe	S	B	V	K	G	BE
Baguette mit Käse	92	Snack	•	•	•	•	•	2,5
Birne mit heißer Schokoladensauce	100	Süßspeise	•	•	•	•	•	2
Blumenkohlcremesuppe mit Speckwürfeln	88	Suppe		•		•		0,5
Camembertbrötchen	92	Snack	•	•	•	•		2
Dillgurken mit Salzkartoffeln	84	Gemüse		•		•		2,5
Erbsensuppe	86	Suppe	•	•		•		2,5
Gebratene Banane mit Nüssen	96	Süßspeise	•	•	•	•	•	2
Geflügelcremesuppe	91	Suppe		•		•	•	0,5
Geflügelsalat	79	Geflügel	•	•		•	•	0,5
Gefüllter Bratapfel	96	Süßspeise	•	•			•	2
Gekochtes Rindfleisch mit Bouillonkartoffeln	71	Fleisch		•		•		1,5
Grießbrei mit heißen Himbeeren	106	Frühstück	•	•	•	•	•	3
Grüne-Bohnen-Eintopf mit Corned beef	85	Gemüse	•	•		•		2
Grüner Spargel mit Kräuterkrabben	73	Fisch	•				•	2,5
Hähnchenbrust in Zitronensauce	76	Geflügel	•	•		•	•	0,5
Hamburger	68	Fleisch		•		•		1,5
Käsekräcker	95	Snack	•	•			•	2,5
Kartoffelcremesuppe mit Krabben	88	Suppe	•	•		•	•	2,5
Kartoffeln mit Kaviar und Kresse	72	Fisch	•			•	•	2,5

Mikrowellen-Diät

	Seite	Gruppe	S	B	V	K	G	BE
Rezepte mit 200 Kalorien								
Kräuterkräcker	95	Snack	•	•	•	•	•	2,5
Kräuteromelett und Radieschenbrote	104	Frühstück	•	•	•	•		1
Kümmelkräcker	94	Snack	•	•	•	•	•	2
Leberknödelsuppe	90	Suppe	•	•		•	•	1,5
Linsensalat mit Birnen und Nüssen	80	Gemüse	•	•	•	•	•	2,5
Maiskolben mit Butterflöckchen	81	Gemüse		•	•	•	•	2
Orangenpudding	98	Süßspeise	•	•	•		•	2,5
Pfannfisch	75	Fisch	•	•		•	•	1,5
Pfannkuchen mit Ahornsirup	104	Frühstück		•	•	•	•	2
Pfirsich mit Vanilleeis und Himbeersauce	100	Süßspeise	•	•	•	•	•	2
Porridge mit heißen Früchten	106	Frühstück	•	•	•	•	•	2
Putengeschnetzeltes in Senf-Sahne-Sauce	78	Geflügel	•	•		•	•	1
Putenleber in Weißweinsauce mit Chicorée	76	Geflügel	•	•			•	1
Quarkkräcker	94	Snack	•	•	•	•	•	2
Ragout mit Kartoffelpüree	70	Fleisch	•			•	•	1,5
Rote Grütze mit Vanillecreme	98	Süßspeise	•	•	•	•	•	2,5
Rührei mit knusprigem Speck	102	Frühstück	•	•		•	•	1
Schlemmerfilet	74	Fisch	•	•		•	•	1,5
Spiegelei auf Butterbrot	102	Frühstück	•	•	•	•	•	1,5
Spinatcreme mit pochiertem Ei	82	Gemüse		•	•	•		1,5
Toast mit Pfifferlingen	93	Snack	•	•		•	•	1,5
Toast mit Rührei und Krabben	93	Snack	•	•		•	•	1
Tomaten mit Mozzarella	83	Gemüse	•	•	•	•	•	1
Würstchen mit Kartoffelsalat	68	Fleisch	•	•		•		1
Zwiebelsuppe	87	Suppe	•	•	•		•	1
Rezepte mit 100 Kalorien								
Brokkolicremesuppe	110	Suppe	•	•	•	•	•	0,5
Brühe mit Nudeln	110	Suppe	•	•	•	•		1,5
Crêpe mit Marmelade	115	Eierspeise	•	•	•	•	•	0,5
Krautsalat mit Speck	113	Gemüse	•	•		•	•	0,5
Omelett mit Pilzen	114	Eierspeise	•	•	•	•	•	0,5
Pflaumenkompott	116	Obst	•	•	•	•	•	1,5
Provençalische Champignons	112	Gemüse	•		•	•	•	0,5
Vanillequark mit heißen Früchten	117	Obst	•	•	•	•	•	1

128